幸せになっていいんだよ

感謝とゆるしの扉を開けて

宮川詩麻
Miyagawa Shima

花乱社

人生にはたった二つの生き方があるだけだ。
一つは、奇跡など無いかのような生き方。
もう一つは、まるで全てが奇跡であるかのような生き方だ。

アルベルト・アインシュタイン

はじめの言葉にかえて

ラジオのパーソナリティーをしていた時のことです。番組の中で、話の間に流す音楽に、童謡と唱歌を選んでかけていました。でもお目当てのCDがラジオ局にないことがよくあり、それを探しに図書館に通っていました。

ある秋の日、入り口近くに大きなワゴンが置いてあり、その上に本がたくさん積まれていました。小説、エッセイ、童話、辞書、実用書、美術書……それらの本は古いのか、借りる人が少ないのか、「ご自由にお持ちください。一人五冊までお願いします」と張り紙がしてありました。

私は嬉しくなって、本を選ぶことにしました。無料なのですから、ありがたく興味のあるものをさっさと選べばよいのですが、人間というものは（私ときたら）何と欲深いことでしょう。これにしようか、あれにしようかと散々迷っていました。

だけど、もらって帰ろうと思う本がありません。「残念だけど、ま、いいか」と、手にしていた本を、ワゴンの中に戻した時でした。キラキラと輝きを放つ一冊の本が目に入りました。

それは何層にも重なった本の群れの中から、少しだけ背表紙が覗いていました。

「きれいな本！」

引き出してみると、銀色の字で『ダイヤモンドセルフ――本当の自分の見つけ方』（佐藤康行著）と書いてありました。開くと、人としての生き方や、考え方をわかりやすく示した啓発本でした。

「よかった。この本をもらって帰ろう！」

私はそれを抱いてカウンターに持って行きました。

でもよく見ると、その本には「苅田町《かんだまち》図書館」の印が押してありません。どう見ても読み古した本には見えません。まるで新品のように美しいのです。

「誰かが忘れたのかしら？」

それにしては、掘り返した下のほうから〝出土した〟本でした。

カウンターの方に、図書館の印が押されていないことを告げましたが、係りの女性は首をかしげて、「おかしいですね。今ワゴンを出したばかりなんですよ。だから他の本が紛れ込むことはないと思いますよ」。

隣にいた女性も、「おかしいですね。考えられないです。でもワゴンの中にあったのならいいですよ。お持ち帰りください」と言います。

私はすでに、その本を返すつもりはなかったのです。欲しい、是非読みたいと思っていたので、「ではいただきますね。ありがとうございます」と、そそくさとお礼を言って、持ち帰ったのでした。

あれから二十年以上の年月が過ぎていきました。『ダイヤモンドセルフ――本当の自分の見つけ方』との出合いをきっかけとして、私を変える気づきの本にたくさん出合うことになりました。どの本も私のために向こうから近付いてきてくれたような気がしています。

私の大切な本の一冊に『この世で一番の奇跡』（オグ・マンディーノ著）があります。この本との出合いも不思議でした。

その日、東京から帰る主人を迎えに北九州空港に車を走らせていました。駐車場に車を止め、小走りで空港ターミナルへと急ぎました。飛行機の到着予定は十七時十五分。間もなく着陸です。

私は、飛行機が帰ってくるのを迎える瞬間が好きです。田舎生まれ田舎育ちですので、飛行機という超都会的な乗り物への憧れが染み付いているのでしょう。雲の彼方《かなた》から小さな機影が姿を現わし、徐々に大きく存在感を増して、ゴーッと音を立てながら車輪が地上に滑り降りた時の感動に、今も変わらず興奮するのです。

だから迎えに行くと必ず、まず送迎デッキで着陸を待って、その感動と興奮を味わった後、到着出口に下りて行き、出てくるのを待つというのがいつもの流儀でした。

でも今日は、もう時間ぎりぎりです。あの着陸の瞬間を見届けなくては、迎えに来た甲斐がない――

息を切らせて階段を駆け上ると、案内の電光掲示板が見えてきました。見ると、主人の乗った飛行機の到着が遅れているとのこと。私はホッとして、急いでいた歩調を緩めました。

あと二十分以上もありますが、喫茶店でコーヒーを飲むには中途半端です。それこそ着陸を見ることができなかったら、がっかりです。

売店をゆっくりと見て回って、最後に本のコーナーに行きました。北九州空港の売店には本が少ししか置いてありません。三十冊あまりの文庫本が売店の隅の棚に並んでいました。

何とはなしに本のタイトルを見比べていた時、『この世で一番の奇跡』という文字が飛び込んできました。その本は他のどれよりも存在感を放って、眼の中に焼きつきました。

オグ・マンディーノという著者を知りませんでしたが、「ここに私がいますよ」と言っているように見えたのです。『この世で一番の奇跡』というタイトルにも惹かれました。

私は何の迷いもなくこの本をレジに持っていきました。そして飛行機の到着案内が聞こえるまで、売店前の長椅子で読みふけりました。

本は小説風に出来ていました。優しい文章でありながら、それは深い人生の知恵を散りばめた、しっかりとした哲学書でした。

一九七〇年代の半ばに書かれた本で、世界二十二カ国で翻訳され、七〇〇万部以上も売れたといわれる、まさに世界的なベストセラーでした。

飛行機が遅れてくれたおかげでこの本に出合えたのでした。大きな書店ではこの本に気がついたかどうか、見つけることができたかどうかわかりません。

この本は続編の『この世で一番の贈り物』とともに、私にとって特別の本であり、バイブルとなっています。


振り返ると、私に必要だったと思える本がいつの間にか私に近付き、人生の道案内をしてくれていたことに気がつきます。

図書館でいただいた本も、摩訶不思議な手に入り方でした。空港の二十分間も、偶然（必然と思っていますが）いただいた時間に手に入ったものでした。エンリケ・バリオスの『アミ 小さな宇宙人』は娘からの贈り物でした。他にもジェームズ・アレンの『原因と結果の法則』、ウォレス・ワトルズの『引き寄せの法則』、ロンダ・バーンの『ザ・シークレット』、野口嘉則の『3つの真実』など、「この本を読んでみるといいよ」と、教えていただいたり、貸していただいたり……、本当にいただいてばかりです。感謝しかありません。

国内・国外の著者のすばらしい本が、私の部屋の本棚に並んでいます。繰り返し繰り返し読み進め、読み直し、付箋を貼り、傍線を引いて、著者が伝えたかった内容を吸い取りました。

何か大きな力が、私にこの本たちを与えて、私は学ばされたのだと確信しています。

心のこと、考え方のこと、言葉のこと、徳を積むということ、愛の力の強さ、そして、学んだことを素直に実践することによって、身辺や運命にシンクロニシティー（思い描いたことと現実の出来事が一致すること）が確実に起こり得ること。

「原因は全て心であり、結果は全て自分の思考からきたものである」との「教え」を伝えたくて、信じて欲しくて、この本を書きました。

過去はどうであれ、今日から変われるよ、幸せになっていいのよ！と、元気をあげたくて、この本を書きました。

そのために、私に世界に名だたる名著を与えてくださったのだと信じながら……。

宮川詩麻

幸せになっていいんだよ——感謝とゆるしの扉を開けて❖目次

装画／みわ＆未望

1 死んで後悔しないために、生きているうちに心を洗おう

ある年の新年早々、私が尊敬し大好きだった、私の人生の師だった男性が亡くなりました。

「あのな、人に喜んでもらえるような生き方をせないかんよ」

と、いつも生きる姿勢を正してくれていた師匠でした。

師匠は運命学で人を導く仕事をもう何十年もやっておられて、その年のお正月も二日から仕事を始めて七日まで、いつもどおり笑顔で活き活きと、大きな声で人生相談を受けていたそうです。亡くなったと知らせが入ったのは、二日後の九日の朝のことでした。八十三歳でした。

お通夜とお葬式に行きましたが、本当に穏やかなお顔で、人に元気と勇気を与える人生を生ききった満足が表れているように感じました。お通夜の時と、出棺前の最後のお別れの時と、本当に同じお顔で、

「ああ、亡くなった瞬間、思い残すことなくスーッと天国に昇っていかれたんだなあ」

と感じました。上のほうから、「忙しいのに、よう来てくれたなあ。ありがと、ありがと」と微笑んでい

るように思えました。

目がぎょろりと大きく、鼻も大きくて、決して美男子ではなかったけれど、亡くなった方のお顔に惚れ惚れと見とれるというのは初めての経験だったように思います。よいお葬式でした。

さあ、私は美しい顔で死ねるだろうか。師匠のように穏やかな顔で死ねるだろうか。死ぬ時には、お金も、地位も、財産も、肉体も、愛する家族も、何も持ってはいけないのです。

人生で手に入れたあらゆるもの全てを置いていかなければならないその時、何も付け加えていない「本当の自分」と「自分の生き方」だけがあぶり出されます。その時、「人生の結果」、「生き方の総括」を見せられることになるのだと思います。

物語や漫画に〝死神〟が描かれています。西洋では鎌を持ち、黒い服を着て骸骨のような顔で描かれます。ちょっと恐すぎるので、白い着物を着た日本的な死神をイメージすることにして、「お前は天国には昇れん。もう一回、心を洗い流す修行じゃ。そっちに行きたかろうが、それはできない。こっちじゃ」と、行きたくない方向に連れて行かれたらどうしよう。

一方で、〝死神〟とは最も美しい神さまで、この世での最後の瞬間を見届けてくれ、光の世界に導いてくださる優しい神さまだという説もあります。

「お疲れ様でした。いろいろありましたね。苦しかったけど心を磨きましたね。ずっと見ていました。

もう頑張らなくてもいいですよ。さあ、私と一緒に行きましょう」と、私を抱き上げ、スーッと昇っていってくれる。その時の心地よさを想像すると、とても楽しみになります。大満足で心がキラキラ輝いて、本当に気持ちがよくて、エクスタシーに違いない！　ハープか琴の音のような妙《たえ》なる調べが聞こえてくるのかもしれない！

「人生の結果」、「生き方の総括」の時、現れてほしいのは美しい神さまがいいに決まっています。その時になって、暗い方向に引っ張られながら、「嫌だ嫌だ、こんなつもりじゃなかった。許してください」と後悔したくないですよね。

「脱衣婆《だついばあ》」という神さまもいるらしい。三途《さんず》の川辺《かわ》りで、亡くなった人の着物をはぎ取り、木に掛けて、その枝のしなり具合で生前の業《ごう》を量るらしい。恐ろしい顔の鬼婆のような神さまで、閻魔大王《えんまだいおう》の妻なのだそうです。

「よい生き方ってどういうことですか？」と聞かれます。

私は宗教家ではありませんので、奥深いことはわかりませんが、

「美しく生きることだと思う」

これが私の答えです。すると、「美しく生きるってどういうことですか？」と聞かれます。

「いつもどんな時も、心を穏やかにしておくことよ。そして言葉に気をつけることよ」

私はそう答えることにしています。

そう言う私だって、心も言葉も荒れてしまう時がよくありますが、「もう一回心を洗い流す修行じゃ」と言われなくてすむように、「それならば、生きているうちに心を洗っておこう」と思い直します。

「洗心」です。

「洗顔」なら毎日します。私が顔を洗うのは、「一日の汚れを落として少しでも肌をケアしたい」ためですが、曹洞宗《そうとうしゅう》を開いた道元禅師《どうげんぜんし》は、

「汚れていてもいなくても毎日洗顔するのは、心を洗うためだ」

との言葉を残しています。

でも、一口に「心を洗う」ってどういうことだろう。どうすれば「心を洗える」のだろうと思っていました。

私は幸運にも、その疑問の答えを手に入れることができました。とてもシンプルな「洗心」の拠り所を手に入れました。生き方の極意が書かれている、巻物のようなものです。

それは「六根清浄の大祓《ろっこんしょうじょうのおおはらい》」という祝詞《のりと》です。ここに書かれている言葉を実践すれば、「洗心」に限りなく近付けるありがたい言葉でした。

この「六根清浄の大祓」については、次の項で書きます。「何か難しそう」と敬遠せずに、どうか読み進めてくださいね。心を穏やかにする「洗心」のヒントが詰まっていますから。それこそが幸せへの近道なのですから。

2 私の人生を好転させた「六根清浄の大祓」との出会い

福岡県豊前《ぶぜん》市の田舎道をドライブしている時、「鵜吹八幡《うそぶきはちまん》」という神社を見つけて参拝しました。境内を散策していると、若い女性が声をかけてきて、
「よかったらこれをお持ちください。よくお参りくださいました」
と、一枚の紙を差し出しました。いただいて読んでみると何やらぎっしりと字が書いてあります。「六《ろっ》根清浄《こんしょうじょう》の大祓《おおはらい》」と書かれたその紙には上半分に祝詞《のりと》のようなものが、下半分にはその解釈（意味）が書いてありました。

私の父は神社の神主でしたので、お祓いの祝詞はよく聞いて馴染んでいました。でも、この「六根清浄の大祓」というのは記憶にありませんでした。第一、祝詞なのかどうかさえも、その時にはわからなかったのです。

でも、「六根清浄」という言葉は、山伏《やまぶし》の姿をした修行僧が険しい山道を歩く行《ぎょう》をする時に唱えながら

歩いている姿をテレビで見たことがあり、頭の片隅にありました。それが若い女性の手元にあることが不思議でしたが、何しろ神社でいただいたものです。大切にしまっておきました。

何かを意識し始めると、そのことが引き寄せられるものです。だんだんと「六根清浄」が身近になってきました。その頃、あるご縁で知り合った男性と英彦山《ひこさん》の高住《たかすみ》神社に同行させていただく機会がありました。高住神社は英彦山の北岳にあり、神仏習合の神社で「豊前坊《ぶぜんぼう》」とも呼ばれ、天狗神を祭ってある修験者にゆかりの神社です。

神前に上がると、その方は祝詞の本を取り出し、この「六根清浄の大祓」を読み始めたのです。その方は神主さんでもお坊様でもなく、ごく普通のお仕事をされている熟年の男性です。ですから、祝詞の読み方は、神主さんの読み方と違って、とてもあっさりとしていました。

その時、横に座らせていただいたのですが、なぜか涙があふれて止まらないのです。それは、この祓い言葉に出会った喜びなのか、とても胸が熱くなるような、魂を揺さぶられるような懐かしい不思議な感情でした。その方は、「神主だったお父さんが出会わせてくれたのかもしれませんね。良かったですね」と、おっしゃってくださいました。

鷺吹八幡でいただいた紙に書かれていたのはこれだったのだと嬉しくなって、その日の夜、ゆっくりと読み解いてみました。「六根」とは、感覚器官である「目、耳、鼻、口、身」の五感に、「心」を合わせた六つのこと。そこには心を穏やかに保つための、心を洗う秘訣と、心を洗う理由が次のように書いてありました。

人というのはね、みんな神さまの子どもなんだよ。
穏やかな心を、もともと、神さまから授かっているんだ。
幸せとは、心が穏やかで安定していること。
だから、自分の心（たましい）を傷つけるようなことをしてはいけない！

目に嫌なものが映っても、心にとどめ続けないように。
耳に嫌なものが聞こえても、心にとどめ続けないように。
鼻に嫌な匂いを嗅いでも、心にとどめ続けないように。
口でつい嫌なことを言ってしまっても、心にとどめ続けないように。
身体に嫌なものが触れても、心にとどめ続けないように。
心に嫌な思いがおこっても、そのことを思い続けないように。

そうすると、たましいが清く澄んでくる。

嫌な思いがどこかへ消え去れば、嫌なことは近づいてこない。
心に影をつくるような原因を創らないことだよ。
いつも良いことを思い、話し、行動しよう！
そうすると、美しい花が実を結ぶように、全ては自分に還ってくる。

わが身をいつも「六根清浄」にしておくこと。
六根清浄なら、体の隅々まで穏やかで健康だよ。
心臓も、肝臓も、腎臓も、すい臓も、肺臓もみな元気だよ。

そして天地の神さまとつながることができる。
それは、この世の全てのものとつながるということなんだ。
全てがつながっているから、願いは必ず叶う。
必ず幸せになれる！　幸せになっていいんだよ！

生きていれば、見たくないものも見えてしまうし、聞きたくないものも耳に入ってきます。人間関係で腹が立つこともあります。それは社会の中で生活する以上防ぎようのないことです。

でも自分は悪くないと頑固に思ってしまうと、心にかたまりが出来てしまいます。そのかたまりは心にできる癌のようなものです。それを溶かさないでいると、自分の生まれ持った使命を果たせないまま業《ごう》を重ね、自分のたましいを傷つけることになります。

だから、嫌な思いをいつまでも抱え込んでいないで、心を切り替えて流してしまうこと。心をいつも清らかに保つこと。いちいち一喜一憂しない。泰然自若《たいぜんじじゃく》。その心こそが、幸せへの願いが叶う「結果」に行き着く「原因」なのですよ、と説いてありました。

心を落ち着けて冷静になれば、人から不快な思いをさせられることがあっても、「自分も完全ではないように、人も完全ではないのだから」と許せるようになるのです。

「六根清浄」は、「許し」の教えでもあると思っています。人を許すだけでなく、まず自分を許すこと。裁こうとする裁判官や検事に別れを告げて、弁護士の目で相手を見てあげること、自分を見てあげること。見方を変えてみれば、自分が癒され、優しくなれるのです。

とは言っても、我慢できないこともあります。ついつい愚痴も言いたくなります。人間ですから仕方ない。でも、我慢しておなかに溜めておくのは良くないですよね。

そんな時の心の整え方として、「だけど……」と「そうか！」をお勧めします。

自分がされた嫌なこと、言われて腹が立ったこと、自分自身に嫌気がさしたことを、いったん吐き出したあと、「だけど……」、「そうか！」と、思い直す。


そうか！　あの人は、本当は淋しいからあんな態度になるんだ。

そうか！　あの人は言い方が下手なだけで、そんなに悪気はないんだろう。

だけど……本人が一番後悔しているはずだよね。もう許してあげる。

そうか！　ちょっと変わった人なんだ。気にしないでおこう。

そうか！　彼もまだ発展途上で、頑張ってる最中なんだろうなあ。

そうか！　そんな風に思われているのか。気をつけよう。ありがたかったな。

だけど……彼女も苦労したんだろうなあ。だから素直になれないんだ。

だけど……自分も同じかもしれない。人のことを悪く言うのはよそう。

だけど……私も言葉が足りなかったかも。明日あやまろう。


神さまは、いつも甘いお菓子だけを差し出してくれるとは限らない。時には激辛だったり、苦かったり、酢っぱかったりします。

「さあ、どうしますか？　捨てますか？　それとも受け取りますか？」

と、試されていて、その時こそが、人生を生きる意味なのだと思うのです。

嫌なことに出合った時、嫌な人と関わらなければならない時、それはどんな難しい資格試験よりも、もしかしたらもっと上質な人生への試験の時なのであり、取り組まなければならない課題なのかもしれません。

試験で満点を取るのはなかなか難しいけれど、答えはとてもシンプル。「執着を手放す」、「心に傷をつけない」です。

「六根清浄」になって清らかな心で願うならば、人生がより広く、より豊かに開けていくのであれば、迷うことなくここをめざしたいと思うのです。

めざすと言えば、頂上をめざす登山があります。私にとってまるで他人事で、私の人生の設計図にはないと思っていたのに、突然に体験することになった登山。大分県の九重連山《くじゅうれんざん》の一つ、標高一六四三メートルの平治岳《ひじだけ》に登りました。と言うより、登らされたと言ったほうがよいかもしれません。有無を言わせず、行かざるを得ない雲行きに巻き込まれてしまったのです。六十代での初体験。

私のリュックを持ってくれ、たびたび休憩をお願いする私をじっと待ってくれた、三十代、四十代の心広き友人たち。私のせいで通常より三時間近くも時間オーバーしての下山でした。

「私は人生の先輩であり、あなたたちより経験豊富よ」

そんな横柄な気持ちで付き合っていた、昨日までの自分を深く反省させられた一日でした。

ミヤマキリシマの花が山肌を赤やピンクに染め上げ、見事なお花畑になっていました。頂上から眺める空の近さや、地上からは想像もつかない周囲の山々の景観も、ここに到達した者にしかわからないすばらしいものでした。この身にくっついたけがれが一気に落とされるような爽快な気分です。経験する前まで「苦しい思いをしてまで、どうして山に挑戦するのだろう」と思っていましたが、その疑問が解けました。

そんな訳で、勢いづいた私は、次の年には一七八七メートルの久住山《くじゅうさん》、玖珠《くす》郡玖珠町の万年山《はねやま》、一一四〇メートルに挑戦しました。その後、福岡県と大分県の県境にある、一一九二メートルの英彦山《ひこさん》北岳にも登りました。

そこには当たり前のように、「六根清浄」が存在していました。私を山という未知なる世界に導いてくれたベテランの登山仲間たちは、険しい山道にさしかかると「六根清浄――六根清浄――」と節をつけて唱えながら進みます。「六根清浄――懺悔《さんげ》懺悔――六根清浄――懺悔懺悔」と続く時もあります。

私も真似て唱えながら一歩一歩登っていくうちに、「六根清浄」の言霊《ことだま》が体の中までに入ってくるような気がしてきます。

時々、甘えて、「もう歩けない！　もう帰る！」と駄々をこねると、

「はいはい、どうぞ」

「その代わり一人で下山してくださいよ」

うになります。


「お弁当は渡しませんよ」

「一人でいると、いのししが出てきますからね」

「登山者の格好をしたキツネがついてくるかもしれないですよ」

と、ジョークでからかいながらも前後を守り、私と歩調を合わせてくれる先輩たちへの感謝で涙ぐみそうになります。


「六根を清浄にして、罪けがれを祓います」

「今までの悪しき心や行いを悔い改めます」

「このお山の神気で浄化します」

そんな祈りを込めて、「六根清浄――懺悔懺悔――六根清浄――懺悔懺悔」と唱えるのです。


是非、「六根清浄の大祓」(本書一二四ページ)を読んでみてください。言霊の力がパワーになります。「六根清浄の大祓」は「般若心経《はんにゃしんぎょう》」と同じ。どちらも心身を清め祓う言葉です。「執着にとらわれないように。執着を流せば清浄になりますよ」と説いています。

心がざわついた時には、ここに示されている教えを思い出せば、穏やかに整えることができるのです。教えが手元にあるのは本当に幸せなことです。

この教えを生活に取り入れるようになってから、私を取り巻く環境や近付いてくる人たちが明らかに変わりました。人生が好転するようになったのです。

自分が、穏やかさに近付けば近付くほど、好転の早さに加速度が増してくるから不思議です。それは、どんな力を持ってしても変えることのできない、厳然たる「宇宙の法則」、「宇宙の真理」なのです。


自己コントロールは強さです。

正しい思いは、熟練技能です。

そして、穏やかさはパワーです。

あなたがたの心に語りかけることです。

「静かにしていなさい。穏やかにしているのです！」

ジェームズ・アレン

3 穏やかな心と言葉は、穏やかな現実を引き寄せてくれる

車を運転しながらラジオをつけたら、人生相談が始まりました。相談者は五十代後半の女性です。仮に和子さんとしましょう。和子さんの長男（一人息子）に男の子が生まれて、そのお孫さんのお宮参りの日の怒りをどうしたらよいものかという相談でした。

その朝、和子さんが準備をして待っているところに、息子さんが車で迎えに来ました。いそいそと出て行くと、息子さんの車にはお嫁さんとお嫁さんの両親がすでに乗っていて、お嫁さんのお母さんが赤ちゃんを抱いている。そして赤ちゃんの背中にはお祝いの着物（男の子なら富士山とか鷹とかが描かれている、赤ちゃんのお宮参り用の着物です）が掛けてありました。晴れやかな日です。その着物の紐はしっかりとお嫁さんのお母さんの肩に結ばれています。

和子さんは車に乗り込みますが、その後も、当然のようにお嫁さんのお母さんが赤ちゃんを抱いたまま。神社の神殿でお祓いを受ける間も、神社の庭で写真を写す時も、ずっとそのまま。お嫁さんのお母

さんが抱いたまま、お宮参りを終えたのだそうです。

その日の悔しさと怒りを、和子さんは訴え続けていました。

「悔しくて、悔しくて」、「おかしいと思いませんか、こっちが内孫ですよね」、「思い出すと、はらわたが煮えくり返りそうで」。

相談員の先生は、

「あなたの怒りは、あなたがお孫さんを抱けなかった、ということね」

と聞きます。

「私が抱くのが筋じゃないですか。内孫ですから。跡取りですから。息子の親である私が抱くのが筋でしょ。それなのに一度も抱かせてくれなかったんですよ」

と、和子さんは腹立たしげな口調で続けます。

「あなたは、腰が悪いとか、腕が痛いとか、そんなことはないのですか」

「少しは腰痛もありますけど、歳ですから。でも少々痛くても私が抱くのが筋ですよね。内孫ですから」

「あなたは、私にも抱かせてくださいねと言わなかったの?」と、先生。

「言わなくてもこっちに渡すのが筋ですよね。何を考えているのか。あっちは外孫でこっちが内孫だから。どうもこうも腹が立ってですね」

と、「筋」と「内孫」が何度も出てきます。だんだん「スジとウチマゴ」が、「スジとタマゴ」に聞こえてきて、「おでん」のような話になってきたぞ、とおかしくなって私は思わず「ふふ」と笑ってしまいました。

「息子に文句を言ったら、『そんなもん、どっちが抱いても良かろうもん、うるさいなあ』と取り合ってくれないんですよ。息子も嫁側の味方かと思うと、悔しくて、悔しくて、みじめで……。この気持ちを相手にわからせたほうがいいでしょうか」と、だんだん物騒になってきました。

相談員の先生は、

「自分の気持ちを、スレートに正直に伝えたらよかったですね。『私にとっても可愛い孫だから、抱っこしたいわ』と意思表示すればよかったんじゃないですか?」

と、諭します。

「伝えなきゃわからない人もいるんですよ。みんな考えが違いますからね。悪気はないのかもしれないですよ。重たい目に遭わせてはいけないと、向こう様が気を遣っている場合だってあるでしょ。あなたの受け取り方ひとつで解決することじゃないですか。黙ってお腹の中でグチグチ、ムラムラ考えていると、お嫁さんどころか息子さんともうまくいかなくなりますよ」

「そうなんですよ。息子も冷たくなってしまって」

「そうでしょ。息子さんといがみ合っていては、せっかくお孫さんが誕生されたのに、面白くないじゃないですか」

先生の説得は続きます。

「お孫さんが生まれて嬉しいのでしょ。せっかくの喜び事が残念なことにならないように。明るくね、性格を明るくあっさりとね。そしたらお孫さんも二歳、三歳と育ってくると慕ってくるようになりますよ。明るいおばあちゃんになってくださいね。コミュニケーションが大切ですよ」

和子さんはまだ何か言いたそうでしたが、番組はそこで終わりました。

不平不満、愚痴、悪口、文句……、それが心の中に住み着くと、恨み、憎しみ、呪いになってしまいます。一日一個言ったとしても、一年で三六五個、十年で三六五〇個もの不快な言葉を吐くことになります。知らず知らずのうちに、マイナスのエネルギーを自分の口から両方の耳に吹き込み、その結果、脳や細胞に埋め込んでいるのですよね。

和子さんのように愚痴ばかりこぼしていると、愚痴を言いたくなるようなことが起きてきます。文句ばかり言っていると、文句を言いたくなるようなことが近付いてくるのです。

この相談の裏側には、考えさせられる問題がいくつも潜んでいます。和子さんは怒っていますが、**それは第二次的感情であって、その奥に本当の感情、第一次的感情というものがあります。**

それは、「淋しさ」です。大切に思ってもらえない淋しさ。無視された淋しさ。それが元々の感情なのです。だから淋しさが癒されれば、怒りは出てこないものなのです。それを察してあげられる人はいなかったのか。和子さんを取り巻くドラマが見えてきます。

お嫁さんはお宮参りという嬉しい記念日に、「お姑さんにも抱っこしてもらって写真を撮りましょう」と一度も言わなかったのだろうか。息子さんも「母さんも抱いて写真を撮っとこう」とは言わなかったのだろうか。お嫁さんの親も、そういった心配りはなかったのだろうか。赤ちゃんの晴れ着はうちが買ったのだから当たり前よ、そんな気持ちだったのだろうか。

それとも和子さんの普段の言動に問題ありで、こういう展開になっているのか。そうだとすれば自業自得。身から出た錆《さび》というもので、原因があっての結果ですから仕方ありません。

和子さんの相談は初孫が可愛いからこそだと思いたいのですが、聞いている私には、愛情が少しも感じられませんでした。無事にお宮参りの日を迎えることができた感謝が少しも伝わってきませんでした。どれほどの感謝を神さまに捧げたのでしょうか。清らかな心で孫の幸せと健やかな成長を祈ったのでしょうか。

「感謝しています」と軽く言いますが、「本当に?」と思うのです。大切なのは「心から感謝しているかどうか」なのですよね。心からの感謝が発動されれば、言葉も自然に和らいできます。

「まあ、大きくなりましたねえ。いい子ですねえ」

「おっぱいがよく出て、ありがたいことですねえ」

「息子たちがお世話になって、ありがとうございます」

そんな言葉を交わすと、「引き寄せの法則」というのがあって、言葉どおりの現実を引き寄せます。言葉はエネルギーです。

「いい子ですねえ」、「ありがたいですねえ」と言うと、もっとそうなるんです。

口偏にプラスで「叶う」となります。私はこのプラスは、〝聖なる十字〟だと解釈しています。自分の願いや夢の実現を表すだけでなく、「愛」や「利他の心」も意味すると思っています。

せっかく叶う法則があるのに、マイナスの言葉を口癖にしていると、「叶う」のプラスの下にマイナスが付いて「吐く」、「吐き捨てる」とイメージの悪い、汚い言葉になります。

家の中によどんだ空気が充満すると、いのちが輝きません。せっかくお宮参りをしても、世間のしきたりだからと形式だけになってしまっては意味がないし、そこで争っていてはお孫さんが可愛そうですよね。

大切なのは、家族が心を合わせて孫のために祈り、祝うことであって、争っている場合ではないのです。孫を大切に思っているのなら、可愛いと思っているのなら、両家の争いに巻き込んだりはしないはずですよね。

神社で手を洗います。口をゆすぎます。心を清めて、心を整えて神殿に進まなければ、せっかくの

「お宮参り」がただのイベントになってしまいます。

とは言え、和子さんのような気持ちになることは、誰にでもありますよね。決して他人事じゃない。私は「スジ」と「ウチマゴ」で「ふふっ」とつい笑ってしまいましたけど、「それが筋というものでしょ」と、和子さんと同じ感情になることは誰にでもあります。

さあ、その時、吹き出る怒りを野放しにするのか、美しい生き方を意識して穏やかに収めるのか。口偏にプラスを付けるのか、マイナスをくっつけて吐き捨てるのか。どちらを選ぼうとも自由なのですが……。

和子さんは、どちらの道に落ち着いたのでしょうか。相談員の先生が話されたことに納得できたのでしょうか。穏やかさを取り戻せたのでしょうか。

そして、ここには、「許す」、「許してあげる」という大きな課題もあると思うのです。「それが筋というものでしょ」と思いつつも、百歩譲って、お嫁さんのお母さんを許してあげることができていれば、両家のお付き合いも楽しくなっているかもしれない。息子さんとうまくいっていますように、お孫さんと幸せな交流ができていますように、と祈りたくなるのです。

4

イライラしたり悩んだりすると、体の中の水が濁る

●●健康は心だけでなく、言葉によっても左右される●●

病気の人と、健康な人の体液を調べてみると、病気の人の体液が非常に汚れていることがわかるそうです。体液が汚れてくると病気になる。ですから、体液をきれいに保つのが健康の秘訣ということになります。

私たちの体は、六〇～七〇%が水で構成されています。**体の中の水の分子構造と人間の心は、同じ波動らしいのです。**

ですから、心理状態によって、体内の水がきれいにもなるし、汚くもなるのだそうです。イライラして腹を立てたり、悩んだりすると、ゆがんだ心の波動が体液に悪影響を与えることになります。だから、いつも心の波動を整えて、さっぱりとした心でいることが最高の健康法であるということなのです。

水は心だけでなく、言葉によっても反応します。言葉で変わる水の結晶写真を見たことがある方も多いと思います。水が凍る時にできる結晶が、音楽や言葉によって変化するのです。

精製水（ミネラルや不純物を取り除いた水）を容器に入れ、その容器の表面に「ありがとう」と書いた紙を貼って一日置いておくと、輝く宝石のような、透明感のある六角形の結晶になります。不思議なことに「ばかやろう」と書いた紙を貼って一日置いておくと、濁っていて、輝きも何もない、つぶれたような渦巻状の結晶になってしまいます。

ほとんどが水でできている私たちの体の中でも、同じような現象が起こっているのだと思います。「ばかやろう」とは言わないまでも、愚痴、悪口、不平不満、文句、恨み言など、汚い言葉を吐いていると、体の中の水が濁っていきます。そして、濁った水が病気を引き起こします。**健康は心だけでなく、言葉によっても左右されるのです。**

奈良の春日《かすが》大社の元宮司、葉室頼昭《はむろよりあき》さんは、形成外科の医師でありながら、神職へと転じた方です。葉室さんは著書の中で、「いつも体のどこかに不調を訴え、病気が治らないと不平不満ばかり言う患者さんや、交通事故の加害者を恨んで悪口ばかり言うような人は、手術をしても良い結果が得られなかった」と書いています。

「はらわたが煮えくり返る」くらい怒っている時は、レントゲンで見ると、実際、腸がねじれたり、亀裂があったり、胃腸の粘膜が真っ赤に充血しているのだそうです。

体の中の水が汚いまま、いくら栄養のバランスを考えても、サプリメントを飲んでも、ウオーキングをしても、砂の上に家を建てるようなもの。体に良いと言われる水を買ってきて飲んでも、浄水器を付けても、元々の体液が汚れていては、健康を維持することは不可能なのです。

ですから、サプリメントを紹介するお仕事をしている方は、紹介する相手を選ぶことですね。穏やかな人を選ぶことです。怒りっぽい人は、サプリメントを飲んでも健康にはならないので「こんなもの飲んでもつまらん」と言われるだけです。

穏やかで感謝にあふれた人は体液がきれいなので、必要なサプリメントを飲むことで、もっと元気になり、もっと健康になるのです。

人間の体は、体液がきれいになれば、自然と健康に向かっていきます。体液をきれいに保つには、心を穏やかにしておくこと。なるべくイライラしないこと。腹を立てないこと。「六根清浄」を常に意識しておくことで、いのちがキラキラ輝きます。

水は丸い器に入れれば丸くなり、四角い器に入れれば四角になります。三角形にも六角形にもなります。長い器に入れれば長くもなります。自在に形を変えるたおやかさを持つ水が、私たちの体の六〇～七〇%を占めているのです。

そもそも、私たちは水の中から生まれてきたのです。水は、私たちがどのように生きるべきかを示してくれています。それは、**水の姿をした神さまからのメッセージ**だと思うのです。

私は今、とても健康で、多分同年齢の人と比べても、すごく元気な部類に入ると思いますが、若い頃は虚弱体質だったのです。毎年必ず二、三回は寝込んでいましたし、よく点滴を受けていたのを思い出します。

姑の一周忌の日の朝、体がきつくて動けなくて、点滴を受けて遅れて行ったことがありました。私は長男の嫁なので、供養の席を取り仕切らなければならない立場でした。その日は土曜日で患者さんが多く、事情を話して優先してもらったものの、それでも遅れてしまって気まずい思いをした記憶があります。

そんな私が、いくつも年を取ったのに、今は元気でいる――食べ物や、ほかにもいろんな原因はあるのでしょうが、その大きな一つに心の問題があったのは間違いないと思っています。

その頃の私は、外見は穏やかに見せてはいましたが、何かにつけて怒りっぽく、イライラしていて、負のエネルギーが身体の中に充満していました。

そんなある日、気がつくと、すぐに横にならないと回復しないようなだるさに襲われるようになっていました。それでも仕事の時は気が張っているのか、かろうじてそつなくこなしていましたが、血液検査の結果、肝機能の数値がとても高いことを言い渡されました。入院になり、一週間の安静でした。退院後、お薬を勧められましたが、無謀にも断りました。数値は抑えられても、肝臓そのものが良くなることはないと思ったからでした。

ちょうどその頃です。心と身体がつながっていること、言葉と身体もつながっていることを学んだのです。それどころか、私という人間はこの身体と心の両方で成り立っているのだと、初めてはっきりと意識させられたのでした。

心の表れが言葉であるならば、言葉に気をつけなければ幸せも健康も手に入らないということを知ったのです。それが「宇宙の法則」といわれるものであり、宇宙を取り仕切っている秘密だということ。この本の最初「はじめの言葉にかえて」で書いた本に出合いはじめた頃でした。

私は全てを信じることにしました。見えないものの存在に手を合わせる、見えないものの存在をもっとありがたく受け止めるべきだった、と反省しました。人は幸せになるために生まれてきたのに、限りなく幸せに近づけるのに、自分からその権利を放棄してしまっていたのでした。

健康も同じこと。もともと健康に生まれているのに、なぜ肝臓を病んだのだろう。

かかりつけの女医さんから「虚弱体質です」といつも言われていたので、自分は虚弱体質だと思い込んでいたのです。自分の心が虚弱な体質にさせていたのです。「いいえ、私は宇宙から愛されている存在なのだ」と、まず思い込むことにしました。「宇宙」という言葉を日常的に意識し、使うようになったのもこの頃からでした。偉大な先人たちの書いた本によって学んだ結果でした。

幸せになれるのは、選ばれた人だけではないだろうか、心や言葉が自分の人生を導くなんて、本当なのだろうか――。それまで私も多くの人と同じように、目に見えるものだけが価値あるものだったのです。でも、神棚はあります。お仏壇にも手を合わせます。神社に行けば、子どもの幸せや成長をお願いするのです。それなのに、宇宙や神さまを信じないってどういうこと？と自問自答しました。

そして、昔から読み継がれている本に書いてあることを全て実践しようと思いました。

特に肝臓は〝怒りの臓器〟と言われます。そういえば、いつもイライラして、文句を言い続けていました。言い換えれば感謝が少なかったのです。

毎月肝機能の数値を測るために血液検査に来るように言い渡されました。確か三カ月目だったと思います。先生が「カルテを間違っていないか？」と看護師さんに聞いていました。あれほど高かった数値が、ほぼ正常に戻っていたのです。薬は飲まないままでした。

本当に、心と健康はつながっています。三年後には肝硬変になる可能性があると言われていた私が、楽しみな社交ダンスも無理をしないようにと釘をさされていた私が、以来、あの診断が夢だったように健康に過ごしています。

それから何年かして水の結晶の写真に出合いました。言葉と水の関係を、実際に目で見て学ぶことができました。体の中の水の結晶がダイヤモンドのように美しく輝くように、ずっと健康でいられるように……。

もともと、人間は穏やかな生き物なのですから、いつでも生まれたての原点に戻ればよいのです。気づいた時に、リセットすればよいのです。

5

いくつになっても気づくことができる

●●気づきの種はそこにもここにも、ちりばめられている●●

最近、気づいたことがありました。疲れた時にケアをお願いしている、友人で整体師のマサさんに身体をほぐしてもらっている時のことでした。

マサさんは、整体の時、宇宙のエネルギーを身体に入れることのできるパワーを持っているようなのです。シンガーソングライターとしてギターの弾き語りもしています。音楽にしろ、整体にしろ、筋の通った使命感でやっていることがわかります。もう少し欲を出してもいいのに、と思うくらいです。

整体は五十分で三千円なのですが、まず心をほぐしてから身体をほぐすというのがマサさん流です。横になる前に悩みなどを聞いてくれるので、心の癒しもかねて、マサさんの整体を受けに来る若い人も多いのです。

ある寒い冬の日、久しぶりに予約を入れました。いつものように、お互いの近況報告をする中で子どもの頃の話になりました。

私が小学校の時、家には金銭的余裕がなくて、おもちゃを買ってもらった記憶がありません。その頃、〝ミルクのみ人形〟というのが流行っていました。昭和二十年代初期の当時としては珍しい金髪の西洋風の人形で、口から哺乳瓶でミルク（水）を飲ませると、下半身から排泄する仕組みになっていました。今考えると何とも単純な作りのビニールの人形なのですが、目が大きくまつげがくるりとカールしていて、とてもハイカラに見えたものです。しかも寝かせると目を閉じるという優れものでした。

仲良しの友達二人がその人形を抱いて遊びに来ていました。二人は「エリちゃん」とか「マミーちゃん」と呼んで、裸にして洋服を着せ替えたりしていました。

私の人形はというと、母の手作りの、布に綿を詰めて作った見るからに日本的な地味な人形でした。三日月型の眉と、目には三本のまつげが書いてありました。ミルクを飲まない口は、紅いペンで唇を塗ってありました。手は両方にまっすぐ、足も伸びたまま。友達の人形のように座ったりはしません。

何から付けた名前なのか、母が「はい、梅子ちゃんよ」と言って渡してくれたので、少し不服ではありましたが「梅子ちゃん」と呼ぶことになりました。とても「エリちゃん」とか「マミーちゃん」と呼べる顔ではありませんでした。

友達が「おなかすいたでしょ」と言いながら、哺乳瓶を口の中に差し込んでいる横で、私はミルクを飲ませるまねごとだけ。「いいなあ、私も欲しいなあ」と、うらやましかったけれど、長女で我慢強い子どもだった私は、親に不満を言ったことなどありませんでした。少しだけ惨めで、淋しい思いを胸に畳《たた》み込んで遊んだものです。

整体のその日、五十年以上も昔のその頃のことを、ふと思い出してマサさんに話したのです。マサさんもご両親が離婚していて、苦しい少年時代を過ごしていました。お互いに、慰め合うような、懐かしむような会話をしばらくした後、整体に入りました。

足の曲げ伸ばしから始まって、上半身へ。ゆっくりと力強く身体をほぐしてくれます。横向きになって普段使わない腕の筋肉を伸ばし、首のリンパの辺りを押さえてもらっている時でした。私は「あっ」と声を上げそうになりました。それは突然湧き上がってきた「梅子ちゃん」についての感情でした。

お人形ごっこをしていた時、私はそんなそぶりは一度も見せなかったけれど、私だけが手作りの粗末な人形を抱いていることを、ずっと恥ずかしいと思っていたのです。

「仕方ないんだ。うちはお金がないんだから。貧乏なんだから」

と、本当は我慢し続けていたのです。泣きたいぐらい我慢していたのです。

「私もミルクのみ人形が欲しい」と喉元まで出ている言葉を何回も何回も飲み込んでいたのです。妹と弟の欲しいものを気遣ってもいました。

惨めな思いは、中学生になり、高校生になり、青春時代を過ぎ、結婚生活が始まっても……、そのあともずっと、私の中に住み着いていました。「欲しいものを我慢する」習性が身に付いてしまっていました。それは、家族のためであり、「私が我慢したらいいんだ」という暗いトラウマ（心理的外傷、後遺症）になっていました。

でも、整体をしてもらっているその時、突然、「それは違うよ。勘違いだよ」と、私は心の中で声に出していました。私の「梅子ちゃん」は、オンリーワン。母が私のためだけに、愛を込めて、心を込めて手作りしてくれた、世界に一つだけのもの。

工場で同時に作った簡易な、同じ顔をした人形よりも、ずっとずっと贅沢な「梅子ちゃん」。

マサさんは、力強く優しく肩甲骨の間をほぐしてくれています。母の温もりが思い出されました。母は大きな声で叱ったことがありません。穏やかな母でした。布団の中で、スローペースで昔話をしてくれたこともよみがえってきました。「やまんば」の話、母のオリジナルの「ブスクタ」の話、「一休さん」の話、その他にもいろいろ……。

私は豊かだったのです。愛情豊かに育っていたのです。惨めになんかなることはなかった。それどころか、胸を張って、

「お母ちゃんが作ってくれたお人形よ。これはどこにも売ってないよ」

と、自慢したってよかったのに。縮こまって引け目を感じながら、地味な動作で遊んでいたあの頃の私を抱きしめたくなりました。

「苦しかったね。小さいのによく我慢をしたね。偉かったね。だけど勘違いだったよね。幸せだったんだよ本当は。何が私を育ててくれたか、わかったでしょ?」

心の声が優しく語りかけてくれていました。たましいの声でした。

でも、今頃、気がつくなんて……。六十年以上も生きてきて、今まで気がつかなかったなんて……。

「ウッソー。私、バカだったよねえ」

「今までどうして、そんなことがわからなかったの?」

梅子ちゃんはもうどこかに行ってしまったけれど、もう一度会いたい。抱きしめたい。一針、一針、母の思いのこもった花柄のスカート、綿を詰めた手足。母が引いた黒い眉と三本まつげのパッチリとした目。紅色の小さな口。あの紅色はどこで見つけてきたのだろう。母の思いが紅色に現れているように思いました。

「お母ちゃん、ありがとう。ずっと気がつかなくてごめんね。こんなに遅れてごめんね」

体中に優しさが満ちていく。感謝が満ちていく。涙がこぼれそうになって、あわてて手でぬぐいました。整体のマットを汚しては大変です。マサさんが「うつぶせになりましょうか」と言いました。ほっとしてタオルを顔の下に敷きました。

おもちゃは買ってもらえなかったけれど、どこからお金を工面したのか、本だけは買ってくれていました。父が選んだ本を渡してもらうのが楽しみでした。一冊ずつ増えていく本を、宝物のように並べて眺めていたことが思い出されました。

「お父ちゃん、ありがとう。ずっと忘れていてごめんね。こんなに遅れてごめんね」

固く握っていた物を手放したような軽さを感じて、今度は笑いたくなりました。

「私はこんなにも豊かに育ったのよ」、「私は豊かでいいんだわ」と思い続けていたなら、私の人生はもっと早くに好転していたことでしょう。


子どもの頃からのトラウマが消えると、人はまたそこから変わることができるのです。心の力が強くなるのです。


子どもの頃のトラウマが人生の歩みを重くしている――そこに思い至らないでいる人の何と多いことでしょう。それ故に、どれほどたくさんの気づきを置き忘れてきたことでしょう。

ふとしたきっかけで、いくつになっていても、大切なことに気づけるように。人生という豊かな実を実らせるために。気づきの種は、そこにもここにも、ちりばめられているのです。

6 どんなに困ったことでも、全て秘密が隠されている

七十歳のお母さんと、四十代の娘さんが訪ねてこられました。この娘さんの長男が、パートではあるけれどようやく仕事に就けたと、報告に来てくれたのです。

長男は大学を出てからずっと無職で、そのことを心配して、二カ月程前に母親と祖母が連れ立って相談に来られたのでした。

「欲張らずにまずパートから、そして徐々に正社員の道へと段階を踏んでいきましょう。見つかったパートでまず身体をならすつもりで。パートだからと手を抜かないで、ありがたくその仕事を受け入れて働いていれば、次の段階が必ずやって来ますよ。どんな仕事でも、仕事をいただいたことに感謝を忘れないでね。ご家族があせらないこと」

と、私はその時、そのように話したのだそうです。

「早くこの子がちゃんとした仕事に就いて、安心したい」と、それは、当たり前の家族の気持ちだとは

思います。でも、人には潮時《しおどき》、そうなる時期というものがあります。いくらあせっても、その人に与えられたその人の運気の波が来なければ、そうはならないのです。

成績もよく、出来の良い子だとなおさら、祖母としても母親としても、現状がもどかしくて、受け入れられなくて、期待し過ぎてしまいます。それが苦しみになっていました。

私の言葉を信じて本人に告げ、探していたらパートの仕事が見つかったのです。その上、短期間のうちに正社員への道が開けようとしています。

「採用になりますかねえ」とお二人は私の顔を覗き込みます。

私は神さまではないので、「必ず受かります」、「落ちます」と言い切ることはできません。まして、この就職困難な時代です。

でも、彼にとって今の時期はとても良くて、「受かる」と判断できます。しかし、ぬか喜びさせるのも罪をつくります。

「上り調子の時なので期待は持てますよ」と、伝えました。

あれこれお話をするうちに、今度はお母さんの長男のお嫁さんの話になりました。ここに一緒に来られているのは長女で、長男の妹にあたります。

お嫁さんは、長男の嫁であるにもかかわらず仏壇に手も合わせない。お墓参りにも行かない。自分本位で人の意見など全く聞こうとしない。口答えをする。どうしようもない嫁をもらってしまったと、二人は口々に言って眉を寄せました。本当にお嫁さんには手を焼いている様子です。

目の前のお二人は、二人共々、とても神々しいお顔をしています。お母さんは特に信心深い方のようでした。私の話に真剣に耳を傾け、心に響かせてくれているのがわかります。謙虚に反省もなさいます。

しかし、お嫁さんのことになると、投げ出したいような口調になってしまうのです。長男にこの嫁が来たことを呪いたいような素振りになってしまうのです。その一方で、ここいる長女の息子さんの、就職、結婚、幸せを強く望んでいます。

お母さんは、「私は、白い蛇や大きな鈴が出てきて音を鳴らす夢をよく見るんですよ」と言いました。どちらも、私も一度は見てみたいと思っているおめでたい夢です。神仏に縁のありそうなお顔なのもうなずけます。

その時ふと心に浮かんだこと、それは、このお嫁さんはこのお姑さんを頼ってこの家に来たのではないだろうか、ということでした。お嫁さんが考えてそうしたのではなく、潜在意識が、たましいが、または前世からのつながりが、この家に引っ張ったのではないかということでした。

お嫁さんがこの家に嫁いできた目的は息子さんではなく、お姑さんだったのではないか。お嫁さんの実家が教えてくれなかったこと、やってくれなかったことを、このお姑さんに求めているのではないか。

言葉遣いも態度も悪くて、感謝も反省することも知らないというけれど、本当はこのお姑さんに助けを求めているのではないか。だから、義理であっても親子の縁を結んだのだと思えたのです。

この世の中の出来事は、どんなことであれ全て意味があるのです。お嫁さんは助けてほしいのです。救ってほしいのです。もちろん頭ではそんなこと考えてもいないでしょう。私はお母さんにそのことを話しました。

「正面からどうこうしようとしても、一筋縄ではいきませんよ。お嫁さんのうしろ姿に手を合わせてあげることですね」

「えっ、拝むんですか？　あの嫁をですか？」

「いいえ、お嫁さんを拝むのではなくて、『わかっているよ。この家で幸せになりなさい』と祈ってあげるんですよ。手を合わせるのは心の中でもいいし、言葉も心の中で言えばいい。それよりね、お孫さんを三人も産んでくれたんでしょう。お孫さんも反抗的なのですか？」

「いえいえ、それがですね、三人とも優しくて」

「ほうらね。じゃあ、ありがとうじゃないですか。だったらお嫁さんのうしろ姿に『ありがとう』も言わなくてはね。そのうち、きっと心から『ありがとう』と言えるように変わってきますよ」

お母さんの目から涙がこぼれました。

「そうですか、そういうことですか……。私が助けたらいいんですね。あの嫁は私を頼って来たんですね」

「はい。お嫁さんのたましいは、本当は苦しいんですよ。甘え方を知らないから素直になれないんですよ。だから正面から直そうとか変えようとかしてもダメ。うしろからそっと癒してあげましょうよ。助けを待っているのかもしれませんよ。甘えたいんですよ。チリンと鈴を鳴らしてあげてください」

お母さんはハンカチで目頭を押さえ続けました。

「だから鈴が鳴る夢を見るんでしょうかね」

このお母さんならできる。このお母さんは菩薩のような心を持っている。ただただ、このお嫁さんに関しては、どう心を合わせていけばよいのかわからなかったのでしょう。

そして、同じ家族の中のことですから、そのことが長女の息子さんの就職、結婚、今後の幸せにも関係していること、全部つながっていることを話しました。

「わかりました。やってみます。うしろ姿に手を合わせることと、ありがとうですね」

「そうです、そうです。『この家で幸せになりなさい。わかっているよ』ってね」

「チリンと鈴を鳴らすんですね」

娘さんも「私も、考えを変えてみよう。お母さん、よかったね」と、涙ぐんでいます。

さあ、今日から、この瞬間から、この家は光に包まれる。笑顔があふれる。お嫁さんもきっと癒される……。私は祈りの気持ちを持ってそれを信じ、お二人を見送ったのでした。

7 困ったと思えることが、実は誰かを助けていることだってある

友人がお正月早々、道の駅のトイレでバッグを失くしたと落ち込んでいました。

「何が入ってたの？　財布入れてたんでしょ？　財布にいくら入ってたの？」

「財布とハンカチと……。財布には三万円ぐらい入ってたと思う。後は小銭がいくらか。それと、その道の駅で買ったばかりの宝くじが三十枚……それがくやしい」

クレジット付きのカード類や貯金通帳を持っていなかったのは幸いでした。

トイレから出て車に戻ったところで、忘れてきたことに気づいて、すぐに走って見に行ったそうですが、トイレの内側のフックから、消えてしまっていたのです。

売店に走り、落し物の届けがなかったか聞いてみたのですが、どの売り場にも、インフォメーションにも、それらしい届け物はなかったそうです。

彼女は、「大体犯人はわかっているのよね」と、ゆがんだ笑顔を浮かべました。

「お掃除のおばちゃんよ。おばあちゃんと言ったほうがいいかも知れない年格好の人で、私がトイレを出た時、モップをかけてたから。あの後、掃除に入ったんだと思う。多分あの人よ」

と、決め付けました。

「失くしてみると、あの宝くじには当たりが入ってたような気がしてくる。悔しいなあ。三万円も悔しいけど、宝くじがすごく悔しい」

そして、「間違いなくあの人が取ったんだよ」と、腕組みをして、唇をかんで、悔しがります。

「でもさ、忘れたあなたが悪いのよね」

と言うと、

「そりゃそうだけどさ……何で忘れたかなあ。間が悪かったというのか。ホントに、一瞬のことなのよね」。

そう言う彼女の指には紫色の高価そうな指輪が光っています。彼女は裕福なのです。子どもがいない分、持ち物も服装も高級品ばかりです。いつも、旅行だ、温泉だと楽しむことができる環境にいます。趣味もフラダンスにカラオケと、人生を謳歌しています。

一方、もしも、そのバッグを持ち去った人が、彼女の言うようにお掃除の人だったとして、お正月からトイレ掃除をしているわけですから、お金を稼がなければならない事情があるのでしょう。子どもの学費？　借金の返済？　家のローン？　親のため？　夫が病気？　自分のゆとりのため？

寒い中の水仕事を我慢して、頑張って、一生懸命働いて……。三万円が神さまからのお年玉だと思えたとしたら。この三万円でとても助かることがあるとしたら、どんなにありがたく思ったことでしょうか。

ほとんどの人は、これを持ち帰ることは悪いことだとよく知っています。届け出るべきだとわかっています。「どうしよう……」。バッグを持つ手が震えたことでしょう。心も震えていたと思います。それでも返すことができなかったのです。

「ああ、これで一息できる。しのげる」、そう思ったとして、誰がそれを咎《とが》められるでしょうか。


「ねえ、いいことしたよね。三万円プレゼントしたのよね」

「プレゼントした?」

「はい、とてもいいことなさいましたっ!」

「人のことだと思って……」

「あなたは裕福でしょうが、充分恵まれているでしょうが」

「まあね。お父さんがまだ働いてくれているし。土地もあるし」

「ねっ、お幸せですよ!」

「そうだね、幸せです。文句言ったらバチが当たるね。あっ、バチが当たったのかしらね」

「そうじゃないと思うよ。豊かなところから、足りないところへ、ちょうど良い金額を動かしたのですね。神さまが」

「ほお、……そう」

「そう、これは神業《かみわざ》です」


私はすっかり、もうそれに違いないと思い込んでいました。バッグを持ち去った人が誰であったとしても、もしかすると、次にトイレを使った、誰かだとしても、その三万円で救われたのです。ずっとずっと我慢していたステーキを（安価であっても）食べることができたかもしれない。待っている子どもに、気持ちを緩ませてお土産を買うことができたシングルマザーかもしれない……。

その誰かは、心を震わせながら、そのお金を使わせてもらうことを選んだ。ホッと胸をなでおろした。胸に明かりを灯せたのです。


「きっと、どこの誰かわからないバッグの落とし主に手を合わせていると思う。一つは『ありがとう』の合掌。もう一つは『ごめんなさい』と許しを請う合掌。あなたはいいことをしたのよ」

「でもさ、宝くじは買ってすぐに持っていかれた。当たってないといいけど」

「そうかなあ。まあね、そう思いたいのもわかるけど。だけど、当たっていたとしたら、もっと大きな施しをしたことになるよね。すごい！　もっと大きな喜びを与えたことになるって思おうよ。あなたは最高の徳を積まれました！」

その施しのお返しは、ステキな出来事になって返ってくる。大きなリボンが付いた贈り物になって返ってくる。人を喜ばせると、喜び事が帰ってくるのが「宇宙の法則」なのですから。

「だから、いつまでも悔しいとか、むかっ腹が立つとか言っていてはダメよ。『どうぞお使いください。私は別に困っていないので。許しますよ。自分を責めないでいいですよ』と、口に出して言ってみたら？　そしたらすっきりするんじゃない？」

「口に出して『どうぞお使いください。許します』と言うのか……まあ、三十万円じゃないからね。三万円だったからね」

「あなたにとって、どうしてもないと困る金額ではないし？」

「そうなんだけど。お正月早々こんなことがあったから、今年は縁起が悪いかと思ってさ」

「悪いどころか、年明けからいいことしたんじゃないの。これで大きな災難が帳消しになったかもしれないよ。それと、落ち着いてあわてないで一年を過ごせという警告かもね」

「そうだね。人助けをしたと思って、気持ちを切り替えることにするわ」

時に神さまは、粋なお計らいをなさいます。

友人は、知らず知らずのうちに善行を積ませていただいたのでしょう。徳を積ませていただいたのかもしれません。

バッグを失くしたほう、拾ったほう、両方に恵みを授けたのだと思います。

反対に、知らず知らずのうちに、罪を犯していることもきっとあるはずなのです。それでプラス・マイナスゼロ。

こういうことが起きると自分の罪（因果《いんが》ともいいます）が一つ解消されて、クリアになるのです。許せば、許されるということですね。

原因は、うっかり置き忘れた自分自身だったのです。置き忘れなければ、悔しい思いをすることもなかったのですから。

でも、困ったと思えることにも何かの秘密が隠されているのです。全てが神業《かみわざ》。偶然はないのだと思います。

8 「菩薩行・陰徳・恩送り」という究極の愛の心

山口県にある「神力寺《しんりきじ》」の女性ご住職、妙順《みょうじゅん》さんと親しくさせていただいています。ある時は彼女の相談に乗ったり、またある時は私の胸の内を聞いていただいたりと、そんな間柄です。

彼女は普段私のことを「先生」と呼び、私は彼女のことを「妙順さん」と呼んでいますが、実はこの呼び方は全くの反対であり、私のほうがより多く、彼女を頼りにし、助けられていることに気づかされます。

先日も電話の向こうから、穏やかな声で、

「先生は最後でいいのですよ。周りの人をみんな幸せにして、先生は最後でいいのですよ。菩薩行《ぼさつぎょう》です。私には先生のことがよく分かりますよ。急がなくても、ゆっくりでいいのですよ」

と、諭《さと》されました。

「最後って、いつまで待つのですか?」

私は意地悪な質問をします。

「時期が来ます。その時が、ちゃんと用意されています。それにね、先生、みほとけ様からのごほうびは、最後のごほうびが一番大きいのですよ」

笑顔を含んだ声が返ってきました。私は安心して、「そうか、そうなのか」と納得します。

一番大きなごほうび欲しさに何かをする。見返りを期待して何かをするというのは、

「そんなの菩薩行とは言えないよ。菩薩行ってギブ&ギブってことじゃないの？」

と、言われそうですね。

だけど人間ですもの。「ごほうびがあるよ。それも最後ほど大きいよ」と言われると、

「ではお先にどうぞ。お先に幸せを手にしてくださいね」

と、ゆとりが生まれて、優しくなれます。


「他の人は幸せそうなのに、何で私だけが」と、ひがみたくなったり、自分だけ置いていかれそうになったりする時、この「菩薩行」という言葉を胸の中から引っ張り出せば、苦しさが和らいで、反対に崇高なものになります。そして「私は最後でもいいのよ。お先にどうぞ！」という愛の心が生まれます。

妙順さんが「みほとけ様」と発音する時、なんとも言えない柔らかい言霊《ことだま》が伝わってきます。私よりもほんの少し年下の妙順さんは、私を先生と呼びながら、道しるべとなる言葉をたくさんプレゼントし

てくださっているのです。

仏教でいう「菩薩行」とは、決して自分だけが悟ればよいとは考えず、「全ての人が悟りを得るまでは、自分も悟りを得ない」と、誓いを立てることだそうです。

菩薩といえば、観世音《かんぜおん》菩薩や弥勒《みろく》菩薩などを思い浮かべますが、「最高の悟りに達しようと願う心」にたどり着いた人はみな、菩薩だといいます。

自分が自分がと先を争うのではなく、一人残らず平等に悟りを獲得するまで、修行の歩みを続ける心構えこそが「菩薩行」の精神なのだそうです。

「菩薩行」に連なる言葉に「陰徳《いんとく》」があります。「徳」とはよい行いのことで、他人を幸せにする力です。「福」は自分自身を幸せにする力です。「福」は「徳」から生み出されます。「徳」を積むことによって「福」が授かるという仕組みになっているようです。

「菩薩行」を重ねると、「徳を積む」ことになります。「徳を積む」ことこそが、私たちが生かされ、生きている目的なのです。

よい行いをするのを人に知られなくてもよい。人が見ていようが見ていまいが、自分の利害に関係なくする。それが「陰徳」です。「陰徳」は陰の徳。つまり、隠れた善行のことです。

人の前でするよい行いは、人からごほうびがきます。ありがとうと言ってもらえて、場合によってはお礼の品が届きます。誰も見ていないところでのよい行い（陰徳）は、人からお礼はもらえませんが、天がその人の「福」として貯金してくださっています。「天に貯金する」とは、このことです。

中国のことわざに、「陰徳あれば必ず陽報《ようほう》あり」という言葉があります。「人知れずよい行いをする者には、必ずよい報《むく》いがある」という解説が付いています。よい報いは、子どもや孫やその先の世代に光が当たるという形で帰ってくることもあるでしょう。それなら尚更に、徳を積んでおこうと心底思います。

たとえ、目的が自分の家系の幸せのためであったとしても、一人一人が徳を積むことによって、世の中を明るくする、光の網をかける力となっていくのだと思います。

「徳」というと、何か特別な難しいことのように思いますが、ゴミを拾うような身近なことでもよし、親切をすることでもよし、寄付もよし。ひとつには人生の苦しみを乗り越えることによって、自分が磨かれてくる、それこそが本当の徳を積むということだと思います。

そのことに一人一人が気づくことがいかに大切か。でも決して難しいことではないのです。元々誰でも持っているのですから、自分の中に潜んでいる宝石を磨いて出せばいいのです。

何年か前、ラジオのシナリオを書かせてもらっていました。それは、心に響く感動の話などをアナウンサーが朗読する番組で、私は新聞や雑誌やテレビ番組などからヒントを得て書いた、「いい話」をラジオ局に送っていました。

その中から二話、ご紹介したいと思います。

✲その一「いい事をすれば必ずいい事が返ってくる」

俺はこの言葉で救われた。あの日の出来事は死ぬまで忘れないと思う。去年の五月。俺は山陰の、とある無人駅のホームにいた。一時間に一本の電車が通る、人気の少ない駅だった。市街細い山道から見上げるような場所にある駅までは、長い階段を上らなければならなかった。市街に向かう電車が、トンネルを抜けて駅に到着しようとしていた。

その時だった。大きな荷物を抱えたおばあさんが、下の方から階段を上ろうとしていた。このままではとても間に合いそうもない。気がつくと俺は無我夢中で階段を駆け下り、おばあさんの荷物を持ち、手を引いて階段を上がっていった。おばあさんを乗せ、俺の左足が電車の乗り口にかかるのとドアが閉まるのが一緒だった。間に合った！　ギリギリ間に合った！

しばらく「ハアハア」と上がっていた息がおさまると、おばあさんは「ありがとうなあ」、「ほんとに、ありがとうなあ」と、何回も繰り返して、俺を拝んだりした。

五月とはいっても、無人駅は吹きっさらしで、山から流れてくる風はまだ冷たい。もし間に合わなかったら、一時間以上も吹きっさらしの中で、することもなくじっと待たなければならない。「とにかく、間に合ってよかった」俺はちょっと気分がよかった。電車から眺める景色が清々しく感じられた。

おばあさんは、俺にいろいろと話しかけてきた。出雲《いずも》市に住んでいる娘さんのことや、若い頃に死んだ旦那さんのこと。「森の中には神さまが住んでいる」というようなことまで話した。

「だから、都会の駅も便利だけども、あんな山の中の無人駅に座っていると元気になる」と言った。

「時には山から元気をもらって、元気に生きんとな」

別れ際に、おばあさんは助かったお礼として千円を差し出した。無論受け取れるわけもなく断ろうとした。

「そんなつもりで手を貸したわけじゃない」と言うと、

「遠慮せんでいい。いい事をすれば、必ずいい事が返ってくる。お兄ちゃんみたいな人には必ず、すごくいい事があるから。これはそういうこと。これしかできないけど受け取って。ジュースでも買って」。

おばあさんは何もかも見透かしたように、折りたたんだ千円札を俺の手のひらに包んだ。

おばあさんが電車を降りると涙がこぼれた。あの人は誰だったのだろうか。おそらく気づいていたのだろう。俺が、何をしても報われず、人生に絶望していたことを。もう死んでもいいと思っていたことを。

小銭がなかったわけではないが、俺はもらった千円でジュースを買った。そのジュースは甘く、俺をもう一度やる気にさせてくれた。

電車を降りた駅前で、「地震の被害者を助けましょう」と五、六人の小学生が箱を持って寄付を呼びかけていた。俺は一度通り過ぎたが戻って、ジュースを買ったお釣りを箱の中に入れた。

「いい事をすれば、必ずいい事が返ってくる」

おばあさんの声が聞こえたようだった。

✲その二「できるようになった時に、できる事をすればいい」

私は、東北の山間過疎地で生まれました。周りには数軒しか家がなく、小学校や中学校がある街まで行くのに一時間もかかるような所です。高校生になると、通学に片道二時間以上かかります。雪が積もる冬の間は、学校の近くに下宿します。ところが二年生の秋に、単身赴任だった父が会社のリストラにあって、突然仕事を失ってしまったのです。

収入がなくなり、下宿の費用さえも難しい家庭の事情になりました。その冬は「すまんな」と言う父の声を背中で聞きながら、雪の中を通学していました。

ある日、青少年の育成を助けるということを目的に活動しているクラブのメンバーの方が学校に来られて、「そんなことではクラブ活動もできないだろうから、私の家から学校に通いなさい」と、申し出てくれたのです。ホームステイのような形で、しかも無償で、食べる事と住む所の面倒を見てくれたのです。世の中にこんな優しい仕組みがあるなんて、こんな親切な人がいるなんて、夢ではないかと思いました。

卒業までの一年半、その方の家から学校に通いました。いろんなことを教えていただき、家族旅行にも同行しました。三年生の終わりには、仙台や盛岡への卒業旅行も計画してくれたのです。

「こんなにたくさんお世話になり優しくしていただいたのに、いつお返しができるかわかりません」と言う私に、

「そんなこと気にしなくていいんだよ。あなたができるようになった時に、できることをすればいい。無理しなくていいんだよ」と言い、奥様も、

「私たちに返そうと思わなくていいのよ。あなたに続く次の人にしてあげてくださいね。順番だから」と、言われたのです。

人間ってすばらしい、私もこんな人になりたいと、心からそう思いました。

あれから三十年。私も微力ながら、青少年の活動の手助けをさせていただいています。

――と、そのような内容でした。

優しくされた時、何かの恩を受けた時、すぐに返そうとしなくてもいいのです。返せないことに、悩んだり苦しんだりする必要もないのです。返せる時期が来た時に別の人に返せばいい。それを「恩送り《おんおく》」と呼ぶそうです。

受けた恩を、必要としている他の人に届ける。そしてまた、その人から次の人へ……。義務ではないのです。できる時に、小さなことでもいい。恩送りがつながっていく世の中でありたいと思います。

心の価値が経済の価値に飲み込まれてしまっている今の時代、「菩薩行」、「陰徳」、「恩送り」という、何とも温かい言葉に救われる気がします。人間本来の優しさを思い出させてくれる言葉です。

9

人の幸せを願うことによって、自分にも幸せが舞い込んでくる

私が小学校一年生の時のこと、もう六十年近くも昔のことです。おゆうぎ会（当時は学芸会と呼んでいました）で「月のうさぎ」という劇をしました。

私が育ったのは、大分県の国東《くにさき》半島にある小さな町で、年に一度のおゆうぎ会は、学校だけでなく町民あげての楽しみな行事でした。当日は朝早くからお弁当を持ち込み、座布団で場所取りをして、小学校の講堂はまるでお芝居でも観るような期待と華やいだ雰囲気に包まれたものです。

一年生から六年生までの各クラスの合唱か合奏と、各学年の代表による劇（それもかなり大がかりな）がプログラムされ、町内に一つしかない幼稚園からの特別出演があったり、いくつかの踊り（日本舞踊など）が組まれていたりして、町はこの日の話題でにぎやかに盛り上がるのでした。

合唱や合奏は全員参加ですが、劇には、今の学校のやり方とは違って、選ばれた生徒しか出られませんでした。特に主役級に抜擢されることは、子どもながらとても誇らしいことだったのです。

一年生の劇「月のうさぎ」で、私はうさぎの役。女神役の友達が、金色の冠《かんむり》をつけ、白い美しいロングドレスを着ているのがとてもうらやましかったのを、今でも覚えています。私の衣装といえば、白い薄手のセーターに白い下着のようなズボン。母が厚手の画用紙で作ってくれた長い耳。主役ではありましたが、あまりに地味な衣装が、一年生の女の子にはちょっと不満でした。それでも、演じることが大好きで目立ちたがりだった私は、精一杯うさぎになりきって演じました。

「孫が主役で出るんじゃ」と、自慢げに知り合いを招待して、その方の分まで朝から場所取りをして座布団を敷き詰め、重箱にいっぱいのいなり寿司を振る舞い、父方母方の祖父母、親戚打ち揃っての一大イベント。そんな時代でした。

この「月のうさぎ」が、実はインドの仏教説話だと知ったのは、大人になってからずっと後のことです。日本でも、『今昔物語集』などをはじめとして、多く語り継がれている物語だそうです。

昔、森の中でウサギとキツネとサルがとても仲良く暮らしていました。ある時三匹は、自分たちがなぜ獣の姿をしているのかを真剣に話し合いました。

「きっと前世の行いが悪かったからだろう」

「それならば、これからは人の役に立つような行いをしようじゃないか」

それからしばらくしたある日のこと、深い山の中で三匹は一人のみすぼらしい老婆に出会いました。ぼろぼろの着物を着て、やせ細った老婆は、手に木の枝の杖を握り締めたまま、力尽きて倒れていました。

三匹は老婆を助けようと考えました。

「とにかく何か食べるものを探してこよう」

「そうしよう」

「うん、そうしよう」

三匹は老婆のために走り回りました。サルは木に登り木の実を集めてきました。キツネは川に入って魚を捕まえてきました。やがて、ウサギが申し訳なさそうに帰ってきました。ウサギはどんなに頑張っても何も捕ってくることができなかったのです。

自分の非力さを嘆いたウサギは、自分自身を食料として捧げようと、枯れ木を燃やし、燃え盛る火の中に飛び込みました。

その瞬間、老婆は神さまとなって姿を現すのです。老婆は実は帝釈天《たいしやくてん》という神さまの仮の姿だったのです。

「サルよ、キツネよ、ウサギよ、お前たちの心を試すために、姿を変えて森にやって来たのだ。お前たちの優しい気持ちがよくわかった。来世ではきっと人間にしよう」

そして、ウサギの捨て身の慈悲なる行いを後世に伝えるため、ウサギを月に昇らせ、月の中にその姿を永遠に残したのです。

＊＊

この物語では、老婆は仏教の守護神である帝釈天の仮の姿だと書いてありますが、おゆうぎ会のシナリオでは、老婆は「月の女神」として描かれていました。女神役の友達がみすぼらしい着物を脱ぎ捨て、早変わりで、キラキラの付いたドレスの女神に変身します。いかにも格好良く見えて、「あの役のほうがいいなあ」と思ったことがよみがえるのですが、うさぎの役にはこんなに深い意味があったのです。

今でも満月の中に浮かぶシルエットを見上げる時、とても誇らしい気持ちになります。お月様が近くに感じられます。そして「月のうさぎ」を小学一年生の劇に選んだ先生もすごいなあと、尊敬を込めて思うのです。

こうして思い返してみれば、私たちは生きている節々で、知らず知らずのうちに本当にいろいろな学びを体験しているのですよね。

私は「月のうさぎ」によって、「自己犠牲、利他の心」という究極の愛を学んでいたのです。六十年近くも前に。

幼かったとはいえ、その教えに気づくことなく、何十年も見過ごし忘れ去っていたのです。何ともったいないことをしたのでしょう。

「損をしたくない、少しでも人より多くを得たい」

そんな欲張り人生を、長年歩いてきたのです。

その思いは決して、自分のためだけではありませんでした。家族のためです。自分自身が歩いてきた、貧しい故に苦しかった思いを、子どもたちや孫たちにはさせたくないと思って、必死に守ろうとする故のことでした。

でも、それでは決して本当の幸せは得られないことを、いろいろな気づきを体験していく中で学びました。むしろ反対でした。与えることによって与えられる。それが「宇宙の法則」でした。

人の幸せを願うことによって、自分にも幸せが舞い込んでくる。人の幸せを願うほどに、自分にも幸せな現象が起きやすくなる。自分の心や言葉や行動と同じことが、ブーメランのように返ってくるのです。

幸せへの道は難しそうでいて、実はとてもシンプルなのです。これはどんな人にも覆すことのできない「宇宙の法則」なのです。「宇宙の法則」の中には更にいくつかの法則がありますが、今、自分の置かれている環境は、自分自身の心や言葉や行動が原因となった結果なのです。「原因と結果の法則」です。

明日から幸せな人生にしたい、運命を好転させたいと願うならば、今日、今からその原因を作っていけばいいのです。昨日までが、どんなに不幸で辛かったとしても大丈夫。例外はないのです。

宇宙は、私たちの思いや言葉や行動を修正してはくれません。ただ、発信したとおりのことを結果として返してくるだけなのです。「宇宙の法則」は、「自己責任の法則」だとも言えると思います。

10

子どもは親を選んで生まれてくる

●●希望に向かう人生へと漕ぎ出させてあげよう●●

私は、子育てサークルや小学校などで話をさせていただく時、誰もが知っているテレビ・アニメ「アルプスの少女ハイジ」の一場面をよく話題にします。

山育ちのハイジが、街の大金持ちの娘で足の悪いクララのために、フランクフルトのお屋敷に連れていかれます。そこにはロッテンマイヤーさんという家庭教師の女性がいて、厳しく礼儀作法や勉強を教え込もうとします。ハイジにとっては、窮屈な生活が苦痛でたまらなくなるのですが、そんなハイジを救ってくれるのがクララのおばあさまです。

ハイジとクララが、スプーンやフォークでチンチンと食器をたたく場面があります。ロッテンマイヤーさんは大慌てで、「そんなお行儀の悪いことはおよしなさい。許しませんよ」と、恐い顔で叱るのです。とたんに、ハイジとクララの顔から笑顔が消えていきます。

クララのおばあさまは、とても品の良い女性ですが、ユーモアの心を備え豊かな想像力にあふれています。叱ったり、たしなめたりはしません。それどころか、食器の音に「すばらしい音色だこと」と、一緒に楽しんでくれるのです。

ロッテンマイヤーさんの苦々しい顔をよそに、楽しい笑い声と遊び心が広がって、いつのまにか他の使用人たちも笑顔になっています。

「アルプスの少女ハイジ」はテレビで長いこと繰り返し放映されたからでしょうか。何かにつけて思い出される印象的なこの場面ですが、自分の子育てを思い返してみると、明らかにロッテンマイヤーさんタイプだったと思わされるのです。

私は聞きに来てくれているお母さん方に、「どちらが伸び伸びした想像力の豊かな子になると思いますか？」と質問します。お母さん方は声をそろえて、「クララのおばあさま」と答えます。「では、クラのおばあさまのように、子どもの心に沿った子育てをしていますか？」と質問すると、またいっせいに首を横に振るのです。

正しい生き方とは？　マナーとは？　それらを子どもに教えていくことは、実は「しつけ」という堅苦しいものではなく、ともに楽しんでいく作業であるべきだったと、今になって思います。

もっと明るくあっけらかんとしていたらよかったのに。子どもの動きを面白がっていられたらよかったのに。何をいちいち目くじら立てて怒っていたのだろう。その頃の自分が恥ずかしくなります。

でも、私に愛がなかったわけではないのです。それどころか、母親としての愛にあふれていました。こうなって欲しい、幸せになってほしい、人に後ろ指を指されないように、親以上の人生を……と、願い、望んでいたのでした。

親もいっぱいいっぱいで、子育てをしているのです。「いい子に育てよう。賢い子に育てよう」と。では、いい子ってどんな子？　賢い子ってどんな子？

その答えさえわからないままに育てていたのです。


「人に笑われるよ」

「そんなことしちゃダメ！」

「〇〇ちゃんを見てごらんよ」

「急ぎなさい！　何をぐずぐずしているのよ！」

「ほら、だから言ったでしょ」

「もうお母さんは知らないからね。よその子になりなさい！」


並べた言葉を思い出すと、涙が出ます。なぜこんな無意味な言葉を、繰り返し、繰り返し言い続けたのだろう。もう一度やり直せるものなら、「よその子になりなさい」なんて口がさけても言うものですか！

「あなたは、お母さんの大事な大事な宝物。大好きだよ」と、毎日毎日抱きしめる。

母親が子どもに向ける笑顔は三百番目の笑顔で、それは観音様の笑顔、仏界の笑顔であるといいます。

街で子どもと接しているお母さんを見ていると、胸が痛くなるような光景に出合うことがあります。

しゃがみこんで子どもをにらみつけて叱っている（怒っている）お母さんを見ました。

「ねえ、今何と言ったの！」

「もう一回言ってみなさい！」

「言いなさい！」

「誰に向かって言ったの！」

「言わないいなら、勝手にしなさい。お母さんは帰るから！」

子どもが泣き出すのはまだいい。泣けないでお母さんをにらんでいる子どもの胸の中を思ってみてください。

「いただきますと言ったの？　言うまで食べさせないよ」と、しつこく言い続けて、目の前の食べ物に手をつけさせないお母さんを見たこともあります。

せっかくの子どもの元気の〝気〟を吸い取ってしまっているのです。

これは、〝しつけという名のいじめ〟です。しつけという名目があれば、何を言ってもよいのでしょうか。「こんな親のところに生まれてきたくなかったなあ」と、思わせているとしたら、何と悲しいことでしょうか。

私には、忘れられない、印象深いシーンがあります。

今は高校生になっている長女の娘が三歳ぐらいの時のことです。突然、

「あのね、わたしがお空にいた時ね……」

と、話し出しました。

「うん？」と身を乗り出して聞いていると、

「わたしがお空にいた時にね、神さまがきてね、どの女の人がいい？って聞いたの」

と、言い出しました。

「うん……」

「それでね、ママがいいって言ったの」

「そう……。どうしてママがよかったの？」

「それはね、ママがさみしそうだったからだよ」

「そうだったの……」

「そしたらね、神さまがね。おなかの中まで、手をつないで連れていってくれたんだよ」

「連れていってくれたの？　神さまが？」

「そうだよ。おなかの中でどうするのか、教えてくれたよ」

「どうするって教えてくれたの？」

「……忘れたかな」

と、その先は本当に忘れたのか、言いたくなかったのか、話はそこで終わりでした。


子どもは母親を選んで生まれてくるのだと、その時確信しました。そうだとしたら、何ともいじらしいことですよね。


こんな私をよく選んでくれた。よしっ！

「生きるって楽しいよ。幸せになるために生まれてきたんだよ」と、希望に向かう人生へと漕ぎ出させてあげよう！と、観音様の笑顔、仏界の笑顔が浮かびます。慈母の強さが湧き上がります。


親の言葉は温度を持って、子どもの心に懐かしく残るのです。親の言葉がふるさとになるのです。


私の母は特に何ができるという人ではなかったのですが、母の語録はあれこれと思い出されます。

母はよく私の家に来ていました。娘二人がまだ小学生の頃は、〝安・近・短〟のドライブ旅行に出かけたものです。主人が運転して助手席に私、後部座席に母を真ん中にして娘たちが左右に腰掛けます。走り出して程なく、母がおもむろに言うのです。

「運転が本当にうまいねぇ。いろんな人の車に乗るけど、一番うまい。タイヤがスーッと地面に吸い付いているような感じがするよ。この運転なら、アメリカまででもイギリスまででも、車酔いはないね」

母は海外になんか行ったこともないのでしたが、そのほめ方が、誇張もなく語調が穏やかなので、心に入りやすいのです。

主人をそっと見ると、とても嬉しそうに得意そうにニヤけた顔で、これ以上それ以上、タイヤを地面に吸い付けようとするかのようにハンドルを握り続けるのでした。母は、具体的事実を、タイミングよく、ウイットを混ぜてほめています。そのお陰かどうか、主人は無事故・無違反できました。

また、主人はお抹茶を立てるのですが、母はここでも絶妙です。

「ああ、誰が立ててくれたお茶よりもおいしい。ここに来るのが楽しみでね。手が大きくてよく混ざるからじゃろうかね」

と、いつもお抹茶のお菓子をお土産にやって来るのでした。

母と主人はとても仲良く付き合っていました。母が亡くなった時、「本当の子どもたちよりも、ご主人のほうがもっと悲しそうだったよ」と、私の友人が話していました。

母が亡くなって二十年も経つのですが、母独特で、間延びした口調の国東弁（大分県）の昔話を、私の妹も弟も、それぞれの子どもたちも、今も折に触れて懐かしむのです。広い座敷に布団を並べてみんなでごろ寝して、母の語りを聞くのが楽しみでした。

まさに母の言葉は温度を持って、懐かしくいつまでも心に残っています。母の言葉は、ふるさとそのものなのです。


私も母を選んで生まれてきたのでしょうか。長女の娘のように生まれる前のことなど思い出したこともないのでわかりませんが、確実に言えることは、私は母の娘で幸せだったということです。

さて、あなたは子どもにどんな言葉を残すのでしょうか。どんな言葉がふるさとになるのでしょうか。楽しみながら親子が（父親も）ともに育っていく家庭であればすばらしい。若いパパとママにエールをたくさん送りたい私です。


次の言葉は、私がもう一度育児をやり直すことを許されたなら、毎日毎日口に出して言いたい言葉です。寝る前に、娘たちにささやいてあげたい言葉です。

子育て中のお父さんやお母さんが私の話を聞きに来てくださった時に、みんなで一緒に言ってもらっている言葉です。

私は子どもを育てられることに　感謝します
私はこの子を育てることを　誇りに思います
ありがとう　私たちのところに　生まれてきてくれて
あなたは　かけがえのない　私たちの宝物
あなたは　かけがえのない　輝く個性
羽ばたけ　羽ばたけ　大空に向かって
あなたの未来が　美しい光で包まれますように！
お母さんは（お父さんは）　いつも　あなたを見ているからね

11

子どもがいくつになっても、親は子どもの人生の鍵を握っている

●●執着を手放そう●●

私が四十代の頃のことです。同じ日に、異なる雑誌の二つの投稿記事を読みました。どちらも六十歳ぐらいの女性からで、息子の結婚に関するお話でした。

偶然か必然か、同じ日に読んだ内容があまりに正反対の内容だったので、とても興味深く、その記事を切り取ってファイルしておいたのです。

親の思いの強さ、優しさ、激しさ、悲しさが、どちらの文章からも胸に迫ってきました。さて本当の母性とは、母の愛とは何だろう、どういうことだろうと考えました。

私には娘が二人います。もう二人とも成人していましたが、私も子育てには深い反省と、痛みや苦い思いがたくさんありました。また、私には男の子がいませんし、二人の娘もまだ結婚前でしたが、この投稿内容を他人事だと切り捨てることができなかったのです。

✼投稿記事A「一人息子の結婚に反対」

百貨店で販売の仕事をしている六十二歳の母親です。「立派な子どもを」と念じて、ようやく授かった男の子を、夫の急死後働きながら一人で育て上げました。

息子は期待に応えてくれ、大学、就職も順調。あとは結婚と思っていた矢先、「結婚したい人がいる。妊娠している」との言葉に目の前が真っ暗になりました。

「あれだけ注意しておいたのに。遊ぶのは仕方がないけど、気をつけなさいって。避妊具を使って出来たのならメーカーを訴えなさい。そんな結婚では子どもも幸せにはならない。すぐにおろさせなさい」

と、きつく言いましたが、彼女は「産む」と頑固で、先方の両親も認めて結婚に立ち会ったとか。

二人は同居し、息子はぜんぜん帰ってきません。息子の子どもではないかもしれない。我の強い彼女に利用されているだけです。こんな女に私たちが築いてきた親子関係をかき回されるのは真っ平です。人生すべてをかけた息子を不幸にはできません。目覚めさせるにはどうしたらいいものでしょう。

✼投稿記事B「息子が幸せ、私も幸せ」

三十代も半ばを過ぎた息子がこのたび結婚しました。それまでは女性と付き合っている気配も感じられず、「いい人いないの?」と聞いても、「今はまったく考えていない」の一点張り。

ところがある日、突然息子から、「結婚したい人がいる」との電話。私は驚くと同時に、相手がどんな方なのかと心配になって、素直に喜べず、複雑な気持ちでした。茶髪に派手な化粧、露出度の高い服装……そんな女性だったらと心配ばかりが頭をよぎります。

数日して、レストランで食事をすることになりました。私は胸がどきどきして緊張のしっぱなし。我ながら自分が少しおかしくなるほどでした。

いざ二人が現れると、緊張はピークに達し、まともに顔を見ることができません。そんな私に「こんにちは」と優しい声をかけてくれる彼女。

ようやく顔を上げ二人を見ると、幸せいっぱいとばかりに息子と彼女が微笑んでいました。紺色のワンピースで、人柄のよさそうなお嬢さん。その笑顔と一言、一言に、緊張が一気にほぐれていきました。

実際に会うまでは変な想像ばかりしていた自分がこっけいでたまりませんでした。

二人は結婚式を済ませ、新生活を始めました。一人暮らしの私を気遣い、おいしい料理の差し入れを届けてくれます。私はなんて幸せなんだろう。どうか末永く幸せに……私はつぶやきながら、帰っていく彼女の後姿をいつまでも見つめています。

という二つの文章でした。親の思いはどちらも同じ。どちらもご主人がおられないので、ことさらに息子さんへの思いは深いと思われます。どちらの母親も息子さんの幸せを願っています。

問題はその対処の仕方です。願いの向け方ですよね。気持ちを前向きにするか、後ろ向きにするか。光に向かうか、闇に向かうか。プラスにするか、マイナスにするか。

不安に思いながらも、Bのお母さんは出かけていきました。一歩踏み出しました。勇気を奮った。当然と言えば当然です。子どものためですものね。

一方、Aのお母さんは、息子のためと言いながら、自我を通そうとしています。全てマイナスに心を向けてしまって、息子の選んだ人を信じようとしていない。認めようとしていない。これは〝自慢の息子〟を信じていないということです。寛容さが文面からは少しも伝わってきません。それどころか、呪い、恨み、藁人形に釘を打ち付けんばかりの悪気が充満しているように思えます。

幸せにはなれない、と断言しています。幸せへの祈りどころか、これでは不幸を期待しているようなものです。「息子を不幸にはできません」と言いながら、「不幸にしているのはあなたでしょ」と言いたくなりました。

人の話を聞こうとする時、固く腕組みをする癖のある人は、受け入れようとする柔軟さが希薄なのだそうですが、固い心を見てしまいます。嫁と戦っていて、愛する息子と戦っている。不幸の暗示をかけていることに本人は気づかないのです。

そしてこの二つの文章からは、それぞれに子育てをどんな風にしてきたか、息子さんとどう関わってきたかも見えてきます。

親とは切ないものです。なりふり構わず子どものことを思っているのです。それは親の愛なればこそなのですが、**愛のつもりが執着になってしまっていることがあります。**

ここがたましいの磨きどころです。今、試されている。修行のしどころは今、今こそチャンスかも知れないのです。

「さあ、お手並み拝見。ここが人生の経験を重ねてきたあなたの、人間としての、母親としての正念場ですよ」

と、神さまがささやいておられるのかも知れないのです。

物事を見ていく時、判断する時、人は裁くほうの判事の気持ちで見てしまいがちですが、弁護士の気持ちになれば丸く収まることのほうが多いのです。相手の状況を思いやって弁護のまなざしを向ければ、穏やかに暮らしていけるのに、と思うのです。

なぜ人はすぐ、判事や検事になろうとするのだろう？

なぜ人はすぐ、攻撃的になるのだろう？

その人の胸の中に恐れの予感があるからなのですよね。このお母さんお二人もそうです。

息子が不幸になる恐れ。自分ががっかりする恐れ。親のプライドが崩れる恐れ……親なら誰でも多かれ少なかれ、そんな恐れを抱いているものです。でも、思い切って恐れを手放してみると、案外何でもなく物事は進んでいったりするものです。

Bのお母さんのように、「おいしい料理を届けてくれる。ありがたい」と手を合わせる気持ちがあると、もっともっとおいしい料理が届いて、もっともっと幸せをかみしめていられるのです。それが「宇宙の法則」なのです。

心配の種を見つけた時、「でもね……」と大きな声で言ってみる。

「でもね……息子が好きになった女性だもの」、「私が結婚する相手じゃないし……」、「だめになったらその時に考えればいいんだわ」、「今は、息子が笑顔でいられるように祝福してあげよう」、「お嬢さん、息子を頼みますよ」、「きっと幸せになる」、「信じていよう」と、展開していく。

「いろいろ言いたいことはあるけど、可愛い孫を産んでくれたのだから言うことなし」と……。

感謝できることを拾い集めて言い続けていると、息子さんの顔つきが変わってきます。人格が変わってきます。お嫁さんも変わってくるし、夫婦の運命が変わってくるはずです。

でも、そうやってもうまくいかなかったら、それは本当に縁がなかったのかもしれない。別れたほうがうまくいくケースだってあります。

だけど、お母さんの自我で、せっかくの幸せを勝手につぶしてしまわないことですよね。

息子さんを信じる。認める。任せる。

私も娘の親として、孫たちの祖母として、最後はそこに行き着きたいと思います。

そして——Aのお母さんは、何か楽しみを持っているのだろうか。お母さんが夢中になれるものを持っているのだろうか。趣味を持っているのだろうか、と思います。

「いいえ、私は息子の幸せだけを考えて、わき目も振らずに頑張ってきたのです。そんな気持ちはありません！」と、アドバイスをけられるかもしれませんが、お母さん自身の楽しみを持つことは、息子さんのためでもあると思うのです。

執着から目をそらすためにも、お母さん自身の人生をもっと楽しんで欲しいなと思います。心配している時、そうなっては困ることに一生懸命になっているのです。

子どもの幸せを祈るのであれば、親は余計な心配を捨てて、こざっぱりと心の洗濯をすることだと思うのです。

子どもがいくつになっても、親は子どもの人生の鍵を握っているのですから。

12 生きがいや目的があれば、いくつになっても元気でいられる

病院の待合室で、隣に座ってきたおばあさんが、私に話しかけてきました。おばあさんの目が悪いことはすぐにわかりました。右目も左目も白くなっていて、緑内障なのだと教えてくれました。右の目はほとんど見えなくなってきているそうです。子どももいないし、ご主人もいない。

近所の人や親戚から「施設に入ったほうがいいよ」と、勧められているそうですが、おばあさんは、「あんなところには、入りたくもない」と言って、いやいやと首を振り、顔をしかめました。でも、左目もだんだん見えにくくなってきていると言います。

「悪いのは目だけじゃない。足も腰も悪くて痛い」

おばあさんは投げやりな調子で話し続けます。気丈に話しているのですが、イライラと不安がいっぱいのように感じられました。現実を見ないように、淋しさを覗かないように、意地を張っているのが伝わってきます。

知らない人とはいえ、聞かされている私も辛くなります。横に座った誰にでもいいから気持ちをぶつけたかったのでしょう。

だけどまあ、よくしゃべる。苦労話なのですが、話がとても面白いのです。とてもお元気なのです。

それで、

「お元気なのに、家の中に一人でいるのは淋しくないですか？　目がもっと見えにくくなったらもっと困りませんか？」と、言ってみました。

おばあさんは、「それでもあんな施設に入るよりはいい」と言います。

だんだん、他人事ではないような気持ちになってきました。私もおせっかいですから、

「あのね、私には娘が二人いるんですけどね……」

と言いかけると、

「それなら、あんたは、いいやないかね。見てもらえる娘がおって」

と、間髪を入れずに挑んできました。

「はい。でもね、私は娘をあてになんかしてないですよ。娘たちも仕事を持っているし。だから施設に入ることも考えていますよ。施設に入ってカッコイイおじいちゃんに出会って、取りあいっこするのをね、楽しみにしているんですよ」

と言うと、おばあさんは初めて笑みを浮かべました。

「そうかね……そんなこと思うとるの……」

少し考えている様子でしたが、

「そういうことかね。いくつになっても色気は忘れたらいかんちゅうことやね」

と、ようやく固い心が解けたような可愛い顔になりました。

「そうですよ。色気がね、若さの秘訣かもしれないですよ。その笑顔とおしゃべり上手で、施設の中の人を楽しませてあげたらいいのに。それをこれからの楽しみにしたらいいのに。一人で黙って一日を過ごすより、楽しいんじゃないですか」

「できるかね」

と、かなり乗ってきました。


「施設の中でお役目があると思って、これから生きたらどうですか？　ただ、安心だからといって、いやいや施設に入るのと、淋しい人や退屈な人の話を聞いてあげるために、前向きな気持ちで入るのとでは、気分が違うと思いますよ」

「その手があったか。まだ楽しく生きられるかなあ」

「はい」

「それもいいかもしれん。一人はやっぱり淋しいし、何かあった時迷惑かけるしな。目が見えんから」

「そういうこと、そういうこと。火事にでもなったら大変」

「そういうことやな。よし、考えてみよう」

「一度見学に行って、様子を見てきたらどうですか」

「カッコイイじいさんがおるか、見てこよう」

と、何かショートコントのような展開になったのでした。


生きがいとか、目的とかがあれば、人は元気になれるんですよね。

おばあさんは七十六歳でしたが、百歳を過ぎてなお現役のお医者様、聖路加病院の日野原重明先生が「達成感こそが元気のみなもとである」と、おっしゃっていました。

あのおばあさん、あれからどうされただろうか。施設を見学に行かれただろうか。私の隣に座ってきた時の暗く険しい顔ではなく、「ありがと、ありがと」と、椅子から立ち上がって、「さよなら」と手を振った時のような、力が宿った顔でいて欲しいなあと思います。


私の叔母は八十五歳。若い頃に小さな町の役場に勤めていた経験はありますが、結婚後はずっと平凡な専業主婦で、社会に出たことがないままの人生を送ってきました。その叔母が、いつの間にか折り紙を習得して、今ではそれが生きがいと若さの支えとなっています。

元々、手先が器用な叔母ですが、まだまだ器用さは衰えておらず、叔母の作品は、平面折りだけでなく、複雑な立体的なものや、上から吊るす形のものまで、どれも繊細で見事な芸術品のように仕上がっています。

色使いや色の組み合わせを考えるのも楽しいらしく、四季折々の玄関の飾りにしたり、プレゼントにしたり、老人会などに教えに行ったり、今や、ちょっとした折り紙名人なのです。

叔母の家に行くと、待ってましたとばかりに新作を見せて、

「本にはここをこう折るように書いてあるけどねえ。見てみなさい、こうしたほうが見栄えがいいから、変えてみたのよ。ほら、ここが難しかったけどね、ここをこう入れてみると、ほら、いいでしょうが」

と、新作が成功にいたるまでの細かい解説が始まります。

それを延々と聞かされる叔母の娘たちや、甥や姪である私のきょうだいたちは、「さあ、始まったぞ」と目配せし合い、切り上げてもらうタイミングをはかり合いながら、しかし、本当にピシッと見事な仕上がりに、文句のつけようもなく感心させられるのです。

そんな時の叔母には、八十五歳という高齢を微塵も感じさせない、何か女学生のような一途さがあふれています。まさに日野原先生が言われる「達成感こそが元気のみなもとである」を証明しています。

食事の支度と、毎日のお掃除と、庭の花や植木を美しく保つことだけが叔母の人生だとずっと思っていたのですが、叔母は自分の手で最高の生きがいを見つけたのです。折り紙という生きがいで、扉の向こう側に飛び出したのです。

たくさんの人と触れ合う叔母の声には張りがあるし、「これからもまだまだ元気に人生を楽しむよ」という勢いがみなぎっています。

そして、九十歳になろうとしている叔父も、叔母の活動に一役買っています。街の文房具屋さんにしか置いてない特殊な紙を、叔母に代わって買いに行ったり、プレゼントにする作品を袋に入れたり、何かと手伝わされているようです。

「この頃は家におることのほうが少なくなって、私と逆転じゃ。『先生』と言われて、あっちからこっちから呼ばれよる。おかげで、叔父ちゃんはご飯の支度をさせられる。最近は野菜炒めでも味噌汁でも、うまく作れるようになってなあ。任せられると、料理も面白くなるもんじゃな。奥が深い。掃除も洗濯もするよ。これがいい運動になる」

と、とてもプラス思考なのです。

叔父の生きがいが料理や家事になったとすると、これは夫婦のステキな「役割逆転」のモデルケースの見本と言えそうです。

夫婦共に、老後の毎日がこれだけ充実していられたら、これだけ楽しむことができたなら、それは「とても幸せな人生」だと言えるのではないでしょうか。

13 感謝を数える毎日が、健康と日々の幸せを運んでくる

もう一つ、高齢のおばあちゃんのお話です。大分県杵築《きつき》市在住のサキエさんという九十八歳のおばあちゃんが亡くなられました。少し腰は曲がっていましたが、とてもお元気で、野菜や花作りを楽しんでいたそうです。ある朝、少し胸が痛いと言って「病院に連れていってほしい」と訴え、お嫁さんが隣町の総合病院に連れていったのです。

その病院には、おばあちゃんの娘さん（と言っても七十歳を過ぎていますが）が、足の手術で入院していて、診察の順番待ちの間に、娘さんの病室まで会いに行ったそうです。

親子で二十分ほど話をして、「お大事にな」、「お母さんもな」と、声を掛け合い、母と子は手を握り合ったのです。そして病室を出た所でサキエさんは「気分が悪い」と言ってそのまま処置室に運ばれ、三時間後に眠るように息を引き取ったのでした。

サキエさんは、私の妹の嫁ぎ先のおばあちゃんです。優しいおばあちゃんだと妹から常々聞いていま

した。

お葬式が終わって、お嫁さんがサキエさんの部屋を片付けていたら、ノートが何冊も出てきたのです。それは簡単な日記のようなものでした。

「朝、裏の京子さんが柿を持ってきてくれました。おいしかったよ。ありがとう」

「孫の智弘が、広島から帰ってきて会いに来てくれました。もみじまんじゅううれしかった。ありがとう」

「朝顔がいっぱい咲きました。美しい花、今年も咲いてくれてありがとう」

「はいしゃさんに行きました。ぜんぜん痛くなかった。先生にかんしゃ。つれて行ってくれた文江さんありがとう。ごはんがおいしい」

「花火大会、つれて行ってくれてありがとう。楽しかったよ。美しかった」

「新しい年がきました。今年もお正月を祝えてかんしゃ、かんしゃ。みんなが元気で過ごせますように」

何しろ高齢でしたから、誤字や脱字もありましたが、全て感謝の言葉、ありがとうの言葉が、毎日の短い記録としてノートに書き連ねてあったそうです。

妹が時々会いに行くと、

「あんたは仕事しながら忙しいのに、家のことも本当によくやってくれるなあ。疲れるじゃろ？　無理せんように。長生きしておくれよ」

と言って、五千円札をティッシュに包んで握らせてくれるのだそうです。

「ごほうびじゃわ。栄養つけてなあ」

と、九十代のおばあちゃんから私のほうが励まされる、と妹がよく話していました。

誰もが、「死ぬ間際までピンピンと元気で、コトンと死ねたら、それが理想だよね」と言います。私もそう願っています。サキエさんはまさに理想どおり。

「何かを感じて、病院に娘に会いに行ったんだよね。さよならを言いに行ったんだよね」

「すごいね。普通の田舎のおばあちゃんだったのにね」

「本当に見事な亡くなり方だね」

「脱帽と言うしかない」

妹と私は、何度も同じ感想を言い合い、うなずき合います。九十八歳まで野菜やお花を作って、元気で生きて、命を全うされて、見事で格好良くて……。

「亡くなって不幸」というような気持ちにならないのです。

「きれいで優しいお迎えの神さまに導かれて、穏やかに天上へと昇っていかれたのだろうなあ」と、しみじみと嬉しい気持ちにさえなりました。
これも普段の心がけと感謝の言葉の力によるものに違いありません。とは言っても、若い頃には戦争もあったし、人知れぬ苦労もあったことでしょう。それを、どこでどう切り替えて感謝の心に行き着いたのか。妹にもっと話を聞いておいてもらえばよかったと悔やまれます。

サキエさんの家の庭には、菊、水仙、アマリリス、ダリア、グラジオラス、紫陽花《あじさい》など、サキエさんが丹精した花々が四季折々に花を咲かせ続けているそうです。
生きておられたら、「花がたくさん咲いてくれてとても美しい。今年もありがとう」と、ノートに書き添えたことでしょう。

感謝を数える毎日が、サキエさんに健康と日々の幸せを運んでいたのだと思います。

14

耳を傾けるということは、心を動かすということ

明日が小学校最後の運動会という日、長女の娘の顔が真っ赤に腫れ上がりました。赤い発疹で頬が盛り上がり、目がどこにあるのか分からないくらいです。首にも手にも、湿疹が出ています。でも、かゆみはあるけれど、熱も出ていないし、病気ではないらしい。アトピーでもありません。

「何かに当たったのだろうか？　昨日の夜は何を食べた？」

思い当たることは何もないのです。

「あっ、毛虫かもしれない」

長女が、はっとしたように言いました。知り合いの男性が家に来るたびに、庭の椿の木や紅かなめの木が茂っているのを見て、

「毛虫が付くよ。毛虫は恐いから、薬をまいてちゃんと駆除しとかないと大変なことになるよ」

と、口癖のように言っていました。

忠告をありがたいと思うよりも、「また言われた」、「うるさいなあ」と、煙たがっていたのです。「毛虫のおじちゃんが来た」と、茶化してやり過ごしていたのです。

腫れ上がった顔は、毛虫の恐さを証明していました。お医者さんにかかり薬をもらいましたが、運動会当日も腫れは引かず、いつもとはまるで別人のような顔で、リレーや組体操などの運動会の種目をこなしました。しかも組み体操は最前列で本当に痛々しく、先生や友達のお母さんから「どうしたの？」と口々に聞かれて説明をし続けた一日でした。

その道に詳しい人の話や忠告は本当なのです。耳を傾けて、ありがたく聞き入れる気持ちを持たなかったからだと、家族で反省した事件でした。

私たちは時として、熱心に教えてくれる人や、繰り返し教えようとする人のことを「しつこい」、「うるさい」と言って敬遠しがちです。聞き流しているだけで、心の深いところまで落とし込もうとしていないのです。「聴く」とは、心を動かすことだと思います。

お年寄りが、何か発言しようとすると、「古い」とか「時代遅れ」とか言ってさえぎってしまう場面に出合います。その古い、時代遅れの話の中に、生活の知恵や考え方のヒント、忘れ去られようとしている日本の原風景や、優しさが詰まっていたりするのに、とても残念に思います。

それらは、ほとんどどうでもいいことのように聞こえます。別に聞いたところで試験に出るわけでもないかもしれない。だけど本当は、昔話の中に、大切なエッセンスが詰まっているのです。それは何かの折にふとよみがえり、発動し役立つ知恵だったりします。

毛虫のおじさんの教えを、心を傾けてありがたく聞き入れていれば、早めに駆除をして、大事に至らなかったはずでした。「ほらそう言ったでしょう」と言われても、後の祭りです。

これが人生のもっと大切な場面で起きることがあって、忠告に耳を傾けなかったばかりに後悔させられることがあります。中には、忠告と言いながら、行き過ぎたおせっかいや人の悪口であったりする場合もありますが、〝余計なお世話〟は、愛である場合が多いのです。

ここまで書いて思い出す言葉があります。長崎での平和を祈るイベントでのことです。

平成二十二（二〇一〇）年の秋、世界各地から十三人のグランマザーたちが来日しました。アフリカ、ネパール、チベット、アマゾン、ホピ族、マヤ族など、言語も肌の色も違う先住民の女性長老たち。今地球が直面している破壊から子どもたちを守るために、古代から伝わる伝統と知恵を後世につないでいくための活動を続けている十三人のおばあちゃんたちです。名古屋で開かれた地球環境会議にも出席し、その発言がテレビのニュースでも取り上げられました。

彼女たちは鹿児島の霧島神宮でグランマザー国際会議を開催し、その中の四人が長崎へと移動して、原爆投下地点で平和への祈りを捧げました。

前日の夜のシンポジウムで、私は司会進行を務めました。長崎放送のアナウンサーがどうしたわけか降板となり、突然その役目が回ってきたのでしたが、この地球規模の活動の一環に役目をいただいたことはとても光栄なことでした。

シンポジウムでグランマザーたちは、「七世代先の子どもたちのために、私たちは祈り、どう生きるべきかを話しに来た」と話しました。そして「地球の大地の苦しみや悲しみの声に、もっと耳を傾けなければならない」と訴えました。まさに、大地の声を「聴きなさい」との提言でした。


会場には子どももたくさん来ていました。私は四人の中の一人、アマゾンから来られた日系ブラジル人二世のクララさんに、「子どもたちに何かメッセージを」とお願いしました。クララさんは通訳なしで日本語が通じるのです。彼女は椅子から立ち上がって、

「お年寄りの話に耳を傾けることよ。うるさいとか、古臭いとか言わないでね。お年寄りの話には生活の知恵や、本当に大切なことが入っている。しっかり聞くことね。それとね、みんな神さまとお話していますか？　神さまとお話しすることが大事。お話しする時間を持ってください」

と、呼びかけました。

その日は市内に泊まり、次の朝、長崎を離れる前に諏訪《すわ》神社に参拝しました。長い階段を上って本殿に着くと、近所の幼稚園の園児らしい子どもたちが整列していました。

先生が「はい、背を伸ばして」と言うと、二十人ほどの園児たちはピッと姿勢をただしました。

「はい、みんなで声を合わせて、よい声で、元気よく、神さまに朝のご挨拶をしましょう。はい、ごいっしょに！」

「神さま、おはようございます。今日も一日よろしくお願いします！」

園児たちは、手を合わせ、頭を下げました。可愛らしい声が神社の空に清々しく響き渡りました。

昨夜のシンポジウムでクララさんが、「神さまとお話しすることよ」と呼びかけた言葉が、目の前で展開されていました。毎朝こうして、ここにご挨拶に来ているのでしょう。とてもほほえましい光景です。見ている私たちも、とても幸せな気持ちになりました。

この子どもたちは健やかに育ってくれるに違いない。この光景はずっと思い出となって生き続けていくのだろうと思いながら、子どもたちが全員階段を下りて行ってしまうのを見送ったことでした。

家庭でもお仏壇や神棚に手を合わせる習慣があれば、きっと豊かな大人に育つことでしょう。

そういえば、私はお寺の幼稚園に通ったのだったと、ふと思い出しました。四月八日のお釈迦様の日には、白い張子《はりこ》の象さんをたくさんの花で飾って、町中を引っ張って歩いたこと。毎朝、お寺の本堂に正座して「お釈迦様は見ています。みんな良い子になりましょう」と、手を合わせて唱えていたことも思い出しました。

話している人のほうを向いて、顔を見ながら聞くことがとても少なくなったように思います。子どもはゲームに心を奪われながら、人の話を聞き流している。会社でも、パソコンに向かいながら、会話をしている。耳を傾けて「聴く」場面が本当に少なくなってきました。

ゆっくり聞いてくれる相手が求められているのです。心理学では「傾聴《けいちょう》」（真剣に聞くこと）を大切にしています。

若い人もそうですが、おじいちゃんやおばあちゃんは、話を聞いて欲しいのです。親孝行とか、老人をいたわるというのは、何も物質的なことだけではないのです。むしろ、ゆっくり話に耳を傾けてあげること、受け入れてあげることこそ大きな孝行であり、いたわりだと思うのです。「また同じ話」、「前にも聞いた」ことであっても、「それで？」、「そしてどうだったの？」と向き合ってあげることです。

辛いことなどは、話すことによって流れていきます。しっかり聴いてあげることは人を癒し、救うことになるのです。

現に私自身がそうなのですよ。孫たちが「ふーん」と言いながら、昭和の時代の田舎暮らしや、父母から聞いた話を面白がってくれると、自分の存在が認められているようで、満足なのです。癒され元気になれるのです。

15

歌い継いでいきたい童謡と唱歌

●●たましいに響く歌をもっと歌おう●●

FMキタQ（北九州のラジオ局）のパーソナリティーをさせていただいた時、企画も内容も全部任せられての、恐いもの知らずのスタートでした。一時間という短い時間ではありましたが、「思うようにやっていいですよ」と言われると、自由な反面、責任が伴います。まして、公共の電波です。

節目節目に流す音楽や歌の選曲も一任されていました。若いパーソナリティーが担当するのとは違います。五十代の私が発信する番組です。

番組名は、「笑顔がいちばん」。

私は考えた末に、〝ラジオ・エッセイ〟のような内容にすることにしました。日頃気になっていることや、四季折々の行事や風習、習慣、新聞やテレビのニュースなどから、私なりに感じたことなどを話すことにしたのです。

毎日の生活の中で、季節の匂いを感じていないとできない仕事でした。常に感性のアンテナを立てて、話題を拾い集めるのは、かなりしんどいことではありましたが、楽しいこと、嬉しいこと、怒り、悲しみ、世の中に対する意見を広く発信できるのはとても気持ちの良いことでした。

特に、音楽を自分で選ぶことは、私に課せられた大きな仕事であると受けとめていました。おしゃべりの間の単なる時間つなぎではなくて、何か意図を持った、メッセージ性のある曲をかけたいと思いました。

でも、若いアーティストが歌っている曲はほとんど知りません。だから、どんな曲が受けるのかもまるでわからないのです。SMAP、嵐、あとは演歌の歌い手……それくらいはわかりますが、売れている曲や評判の曲は、私の番組でなくてもいつでも流れてきます。

迷うことなく、「一番聞かせたい歌」、「忘れてほしくない歌」にしようと決めました。「昭和の歌謡曲(ナツメロ)」にも思いはありましたが、結局、演奏だけの曲を一つはさんで、前後を「童謡」と「唱歌」にすることに決めたのでした。

「よくそんなに覚えているね」と驚かれるぐらい、童謡や唱歌ならたくさん知っています。母がよく歌ってくれていたので、どれも歌えます。

私と同じように、忘れかけている懐かしい曲を待っている方は多いはずだ、これしかない、とこの決定を自画自賛して始まった放送でした。

曲選びを始めると「こんな歌もあった。あんな歌もあった」と、子どもの頃にタイムスリップする時間が増えてきました。

私は本当に歌の好きな子どもでした。

小学生の頃、たんすの中から母の着物をないしょで引っ張り出して、それをまとい、観音様のお堂に友達を集めて、歌って聞かせていました。美空ひばりさんの歌を、大人びた声で、身振り手振りをまねて歌っていたのを思い出します。踊りを付け加えたりもしていました。

母から着物のことを何度も叱られていました。私は親の言うことをよく聞く子どもだったと思いますが、どうしても着物ははずせない小道具だったのでしょう。格好からひばりさんになりきりたかったのだと思います。

聞かされている友達は、いったいどんな気持ちで観音堂の前から動かずに聞いてくれていたのか。我慢してくれていたに違いないのです。子どもの遊びとは言え、「悪かったわね」と首をすくめたくなります。

時には気を遣って私も観客側にまわりますが、私が三曲、友達Aさんが一曲、また私が二曲、友達Bさんが一曲——のような順番で、何ともわがままな自己中心の歌ごっこでした。

美空ひばりさんの歌のネタが切れると、今度は童謡と唱歌に移ります。私がお堂の上から指揮をしてみんなで合唱をするのです。口を大きく開けて、首を左右に傾けながら、大きな声で歌う（歌わせる）時間も快感でした。

本当に前世は歌を歌っていたのではないかと思えるくらいに、歌うことが大好きでした。

いつの間にか、童謡も唱歌も忘れられてしまったかのように、なかなか聞くことができなくなってしまいました。

私は歳を重ね、孫がいる年代となりましたが、今もやっぱり何かにつけてよく口ずさみます。孫たちも覚えて一緒に歌ってくれます。

無心に歌っていると、この身にくっついてしまった余計なものが、はがれていくような気がします。無邪気に母のひざの上で歌っていた頃の可愛い昔に戻ることができるのです。心が浄化されるのですね。

私は単純なのだと思いますが、すぐその頃にタイムスリップできる特技があり、歌の世界に入っていけるのです。

懐かしい童謡や唱歌に出合うと、今は亡き祖父母の顔が浮かんできます。苦労して生きた父母の姿が浮かんできます。

口ずさんでいると、涙がこぼれそうになります。懐かしさで胸がいっぱいになります。そうすると人は優しくなれる。

「ああ、私にもこんな時代があったんだなあ」

「この歌が私を育ててくれたんだなあ」

と、感謝の気持ちが湧いてきます。手を合わせる気持ちがご先祖の供養にもつながりますよね。

ミカンの花咲く丘　しゃぼん玉　春の小川　虫の声　村祭り　仰げば尊し
たき火　お正月　もみじ　可愛い魚屋さん　里の秋　こいのぼり　蛍の光
めんこい子馬　背くらべ　嬉しいひな祭り　おぼろ月夜　村のかじや　きよしこの夜
雪やこんこ　かたたたき　うみ　春よこい　早春賦　茶摘み　箱根八里
かもめの水兵さん　しかられて　あの町この町　一寸法師　金太郎　浜千鳥
浦島太郎　くつがなる　どこかで春が　めだかの学校　ほたる　灯台守　たなばた様
この道　あめふり　かえるの笛　野菊　夕焼小焼　赤とんぼ　月のさばく
船頭さん　お山の杉の子　まりと殿さま　砂山　夕日　歌の町　汽車ポッポ
小鹿のバンビ　七つの子　仲よし小道　赤い帽子白い帽子……

もっと、もっと、もっとあります。

家族の風景、暮らしぶり、その時代の風……、日本の原風景が歌の中に生きています。人の情け、優しさ、祈りや感謝を五感で感じ取ることができるのは、童謡や唱歌に勝るものはないと言っても、言いすぎではないと思うのです。

「雪やこんこ」をラジオで流した時の、私の曲紹介はこんな感じでした。

この歌を聞くと、子どもの頃、雪が舞う中でお餅つきをした光景を思い出します。お餅つきは、わが家では毎年十二月三十日と決まっていて、毎年決まって雪が降っていた記憶があるんですよ。父が杵《きね》でついて、母が臼取《うすと》りをして、私と妹と弟の三人の子どもたちが丸めるお手伝いをしていましたね。

杵を振り下ろす父と、臼の中に手を入れて混ぜる母の呼吸が合わないと、早いとか遅いとか、お互いに小言を言い合って……。

「あんこの入ったお餅はまだかなあ」と、待ち遠しくて、あんこだけをつまんでこっそり食べたのを見つかって叱られたりして……。

一日がかりですからその日は遊ぶことができませんでしたけれども、それでも、家族がお正月を前に協力し合い、ひとつになる楽しい歳時記でしたよ。家族にとっては大切な行事だったんだと思います。

舞い落ちてくる雪が、何だかとても暖かく美しく感じたのは、なぜだったのでしょうか。もう一度、あの光景の中に戻ってみたいなあ、と思います。

では、東京児童合唱団の歌声でお聞きください。「雪やこんこ」。

と、こんな調子で語っていました。

そして、忘れられないのが、〝ともちゃん〟という二十代のミキサーの女性です。ミキサーとは、パーソナリティーがしゃべっているガラス越しの部屋で、音声を調整したり、曲をかけてくれたり、話し始めるタイミングのキューを出してくれる人のことです。

ともちゃんは、私がしゃべり終わるのを「ハイ、わかっていますよ」と言いたげな顔で、絶妙のタイミングで曲を流してくれるのです。注文をつけたことは一度もなかったのですが、私のこだわりを理解してくれ、呼吸を読み取ってくれる能力にいつも驚かされ、感動させられていました。

私が気持ちよく仕事をすることができたのは、ともちゃんがいてくれたからこそです。そんなありがたい環境で、「童謡」、「唱歌」を掘り起こす作業をしていられたのです。

いろんな世代が集まって歌おうという時、童謡や唱歌は世代を超えた共通語です。音に乗せた共感語です。時代遅れの風景や言葉遣いが出てきたとしても、なぜか色あせない普遍的なものです。だからこそ、大切にしたい日本の財産であると考えます。

そうであるならば、次世代、次々世代に伝えていかなければ。伝えていくことが私たちの役割の一つだと、強く感じています。

東日本大震災の復興が進んでいきますが、元の生活にどうにか戻れたとしても、流されてしまったふるさとの原風景はもう戻ってはきません。アルバムや写真がなくなってしまうのは、どんなにか淋しく悲しいことでしょう。

震災後、「ふるさと」（うさぎ追いしかの山……）がよくテレビなどで流れましたが、まさにこの歌の中に、「忘れがたきふるさと」の四季折々の情景や思い出が詰まっていたのだと、歌の深さに気づかされたのでした。

日本文化を語る時、お茶、お花、歌舞伎、能、俳句、相撲……と並びますが「童謡」、「唱歌」こそ、誰もが日常的に参加でき親しめる、本当にステキな文化だと思います。もっと身近において欲しいし、感じて欲しい。

ラジオで、そういった想いなどを述べながら、真剣に選曲した歌を聞いてもらえることはありがたく、感謝にあふれる仕事でした。

ラジオ局のスタジオにない歌もあります。そんな時は図書館に探しに行ったものです。いつもワクワク、高揚感に浸っていたように思います。誰よりも私自身が歌を楽しんで聴いていたのかもしれません。

選曲に迷って、今回がダメでも次回があるとは思うのですが、迷いに迷ってどうしても決められず、もう一曲かけようかと思うこともよくありました。

それほど、忘れかけている、または忘れてしまった、だけど忘れないで欲しい童謡や唱歌がたくさん埋もれているのです。

私が好きな童謡の一つに「あめふり」があります。この歌はこんな前振りの曲紹介をしました。

「雨雨ふれふれ　母さんが　蛇の目《じゃめ》でお迎え嬉しいな」と始まります。

そして、傘のない子どもに気がつくのですね。

「あらあらあの子は　ずぶぬれだ　柳の根かたで泣いている

母さん僕のを　貸しましょか　君きみこの傘さしたまえ」

お母さんにたずねて、傘を差し出すんですね。思いやるんですね。

「僕ならいいんだ　母さんの　大きな蛇の目に入ってく

ピッチピッチ　チャップチャップ　ランランラン♪」

いいですねえ。心温まる光景ですねえ。男の子とお母さんの会話が聞こえてくるようです。表情が想像できますよね。傘を貸してもらった子どもの顔も見えてくるようです。何とも微笑ましいストーリーが、歌に織り込まれていますよね。

雨の日を、「蛇の目でお迎え嬉しいな」と喜びに変え、しかも他の子に傘を貸してあげる優しさを育んでいますよね。

「人間って、元々こうなんだよ」、「人間って元々優しいんだよ」と、歌いながら心に入っていく、とても心地よい童謡だと思います。歌い継いでいきたい歌の一つだと思います。

そして――この歌にはですね、更に、とても魅力的なからくりがあります。

「ピッチピッチ　チャップチャップ　ランランラン」を「ピンチピンチ　チャンスチャンス　ランランラン」と、替え歌にできるところなんですよね。

「ピンチは、実はチャンスだよ」と、ひっそりと、こっそりと教えてくれているんですね。

前向きの明るい言霊にチェンジです。すでにこんな風に歌っている方もいらっしゃるんじゃないですか？

「童謡」が「人生の応援歌」になるところがいい。元気が出てきますよね。

「うっとうしい雨降りも、優しさを育むチャンス！」

「お母さんとの思い出を作るチャンス！」

「ピンチこそチャンス！」

では、お届けしましょう。「あめふり」、歌は◯◯さんです。

と、紹介する声にも力が入り、声に笑顔が浮かびます。

16 言葉はとてもスピリチュアル、日本語には言霊があふれている

『万葉集』は、「言霊の幸《さき》わう国」と日本語を讃えています。つまり、「日本語にはたましいが宿る」、「日本は言霊を大事にする国である」と。

童謡・唱歌に限らず、歌を歌うということは、知らず知らずの内に言葉のたましいを、耳を通じて身体の細胞の中に取り込んでいるのだと思います。だから、心地よい歌、たましいに響く歌を歌うと、心が澄み渡っていくのだと思います。

『聖書』ヨハネの福音書第一章は、「はじめに言葉ありき。言葉は神なりき」と始まります。「人が使う言葉は、神さまの言葉なのですよ」と教えてくれています。

日本語の「いろはにほへと……」は「ん」までが四十八文字。四十八音です。つまりヨハネです！

また「いろはにほへと……」は、実は「いろは歌」であって、その内容は大乗仏教の悟りである「空《くう》」(愛と憎しみ、幸福と不幸、そんな対立など初めから実態がないことを悟れば、人は自分のまわりを慈悲で満たし、心と世界が救われる)を表わしているのです。

言葉というのはとても不思議です。目には見えない非常にスピリチュアルな意味合いを持っていることが理解できます。全てがひとつにつながっていることがわかると思います。

私は、日本語の奥ゆかしさや、たおやかさが心底好きです。日本人に生まれてよかった。日本語を使う国に生まれてよかったと思います。童謡や唱歌にあらわされた繊細な、あるいは力強い言葉を誇りに感じています。

子どもの頃、あんなに歌が好きで、歌を愛していて、あんなに歌手になりたかったのに、まったく異なる人生を歩いてきました。本気でその道に通じる扉を開いていたら、夢が叶っていたのかなと思ったりもします。

でも、私が選んだ歌をラジオで聞いてもらえる仕事をすることができました。そして作詞という仕事に導かれました。歌手にはならなかったけれど、やっぱり歌はいつも、私のすぐそばにあったのです。

日本語の言霊を意識しながら言葉をつむいでいる時、歌の心を生み出している時、本当に心から幸せで、時間を忘れます。この詞に曲が付いて、どんな景色となって詞が動いていくのかと思うと、期待感で苦しくなるほどです。

私の作詞曲は、演歌や歌謡曲もありますが、今年（二〇一四年）の五月に、ふるさとを讃える歌が完成したばかりです。日本中の人が心をひとつに歌ってくれる「唱歌」となって広がっていくといいな、と願っています。

17
神さまとつながっていたい

羽田発二十時四十五分。北九州空港へと向かう飛行機の窓側の席から、私は下界を見下ろしていました。高所恐怖症の私は、いつもなら窓側ではない席を選び、窓の外を見ないように目的地に向かうのが普通でした。この日はドイツからの帰途、雲の上のフライトが十二時間も続いた後の国内線だったからでしょうか、羽田空港で窓側の席を勧められた時、即座に「はい、その席でお願いします」と答えていたのです。

離陸してしばらく、東京の大都会のイルミネーションがグングン遠ざかり、視界が広がっていきます。高所恐怖症を忘れて、私は美しさに吸い寄せられていきました。やがて、都会の灯は見えなくなり、暗い山並みにさしかかると、ポツリ、ポツリと明かりが見えます。そしてまた、宝石の集団を散りばめたような、大きな都市の上空を通過していきます。

その時、ハッと感じたことがありました。

「神さまって、こんな感じで人間界を見下ろしていらっしゃるのだろうなあ」

という思いでした。それはとても有難い、胸がキュンと熱くなるような瞬間の感動でした。

「神さまって、こうして高い所から平等に、全ての人に手を広げていらっしゃるんだ」

そう感じて、私はひっそりと、でもしっかりと手を合わせたのでした。


この無数に散らばる人の世の明かりの中の、いったい何人が、神さまの視線に気づいていることだろう。神さまが広げた温かく力強い手のひらの大きさに気づいていることだろう。いったい何人の心が、神さまとつながっているのだろう、と思ったのです。

その時頭に浮かんだのが、「私はぶどうの木、あなたがたはその枝である」という『聖書』の一節でした。


私はまことのぶどうの木、私の父は農夫である。

私につながっていながら、実を結ばない枝はみな、父が取り除かれる。

しかし、実を結ぶものはみな、いよいよ豊かに実を結ぶように手入れをなさる。

私の話した言葉によって、あなたがたはすでに清くなっている。

私につながっていなさい。

私もあなたがたにつながっていよう。
ぶどうの枝が、木につながっていなければ、自分では実を結ぶことができないように、
あなたがたも、私につながっていなければ、実を結ぶことができない。
私はぶどうの木、あなたがたはその枝である。
人が私につながっており、私もその人につながっていれば、
その人は豊かに実を結ぶ。
私を離れては、あなたがたは何もできないからである。

（『新約聖書』ヨハネによる福音書より）

そう、やはり神さまは「私につながっていなさい」と呼びかけておられるのですよね。しかし、これは『聖書』の中の言葉ですから、「クリスチャンじゃないし」と違和感を覚える人もいることでしょう。でも、そんな狭い考えで解釈することではないと思うのです。

「私」は日本の神さまでもよし、仏様でもよし、サムシンググレイトでもよし、宇宙という言葉に置き換えてみてもよし。

宗教に関係なく、ただ、大いなるものを示している言葉なのだと解釈すればよいのではないでしょうか。何を感じながら生きればよいか。何につながって生きればよいかを示している言葉なのだと思います。

毎日の生活の中で、人間関係に疲れてしまったり、心が荒れてどうしようもなくなったり、気持ちの置き所がわからなくなった時、目の前の小さな世界で解決しようと焦るのではなく、いったん神さまのまなざしを感じてみる。温かく広げた神さまの大きな手のひらを感じてみる。その手にしっかりつかまっていることを意識してみる。

「私につながっていなさい」とは、「私がいつも守っていることを忘れるな」という神さまの優しいメッセージなのです。どんな時にも、「神さまに守られている」という思いがあれば、心が満ちてきます。

そうすれば、抱えている悩みが大したことでなくなったり、正直で真っ直ぐな心に戻れたりできると思うのです。

「実を結ばない枝はみな、父が取り除かれる」と書いてあるのは、「実を結ぶ枝であれと期待してくださっている」と受け取れます。

「私の話した言葉によって、あなたがたはすでに清くなっている」と書いてあるのは、「あなたがたは、すでに取り除かれる存在ではない」と解釈できます。

つながっていれば、必ず豊かな実を結ぶ時が来ますよと、優しく諭してくれているように思えるのです。

18 最後に……やっぱり人生は奇跡に満ちている

私は子どもの頃、運動会で一等賞になったことがありませんでした。二等賞も三等賞もない。いつもダントツのビリか、かろうじて最後から二番目。「お遊戯はうまいのにねえ。何で足が遅いかなあ」と言われ続けていました。だから、〝駆けっこはビリ〟が私の思い込みの定番だったのです。

小学校四年生のある日、玄関先で祖父が倒れました。心臓が悪かった祖父は、どこかからの帰り、ずっと歩いてきつかったのでしょう。玄関を入る前に大きな石に腰をおろし、すぐに倒れたのです。

「早く先生を呼んで来い」と、父が私に言いました。

電話もなく、車もまだ普及していない時代でした。父の言葉が終わらないうちに私は走り出していました。

私はこの祖父が大好きでした。幼少の頃、寒い日は私を抱いてくるんで寝てくれていました。暑い日は私が眠るまでうちわであおいでくれていました。どこに行っても、私を自慢する祖父でした。祖父の言葉のおかげで私はいつも自信を持っていられたと思っています。それは半世紀も過ぎた今でも、私の精神を貫いているように思います。

田んぼの間を貫いて延びる、通称〝たて道路〟と呼んでいる長い一本道を一心不乱に走りました。バス通りに出て左に曲がりどんどん走りました。「牟田医院」に駆け込み、往診を頼みました。いつもかかりつけだった先生はすぐに黒いかばんを持って、オートバイに乗り、家に向かってくれました。

先生と祖父は仲がよかったのです。先生はオートバイを飛ばして走りました。私もその横をまた一生懸命に走って引き返しました。

祖父の病状は一時的なもので落ち着き、大事には至りませんでした。その時、先生から、「走るのが速いなあ。こっちもかなり飛ばしてきたけど、追いつかんごと速かった。リレーの選手じゃろ?」と、言われたのです。「火事場の馬鹿力」という言葉がありますが、私はその時命がけで走ったのでしょう。

その気になれば何でもできるのです。その気とは、やる気、勇気、覇気、活気、強気、元気……つまり「こころの向け方」です。自分にはどうせ無理だとあきらめていれば、できないのです。

「人生なんて、苦しいものだ。どうせ楽しいことなんか私には起きない」と思い込んでいては、本当に起きないのです。苦しいことがあっても、「必ず立ち直れる。必ずよくなる」と信じることです。

例えば、経済的に苦しくて、パートの時間給もとても少なくて、他にも人間関係で苦しくて、落ち込んでいる人だったら、「そんな精神論で何が変わるの」と反発されるかもしれません。「きれいごと言わないでよ」とそっぽを向かれるかもしれません。

それでも、それでも、私は言います。

「どうかどうか、あきらめないでください。今、暗闇の中にいて、どこに向かっていいのかまるでわからなくて、迷っていても、決してあきらめないことです。

信じられないどこかから、思ってもみなかったどこかから、必ず救いの手がさしのべられるから。その手はすでに助ける準備を整えて、いつ動こうかと待っているのだから」と。

幸せに思えることを、感謝できることを数えてみてください。自分が今持っているものに感謝しなければ、よりよいものを引き寄せることができません。感謝の気持ちがなければ、自分が発信する感情がマイナスのエネルギーを持つからです。マイナスの感情は、よいものが近付いてくるのを邪魔してしまうからです。

人生は奇跡に満ちています。奇跡に出会う人生に入っていきましょう。心こそが、人生を好転させる最大のエネルギー。その心を表現する言葉（言霊）こそが、扉を開くマスターキー。

苦しいからこそ、奇跡が起きた時の驚きは、大きな感動に満ちています。

「人生は、全て心と言葉で決まる！」

これが、揺るぎない「宇宙の法則」です。

❖おすすめワーク

●苦しいと思うこと（思ったこと）を、ノートに十五個書いてみよう。泣いてもいいよ。我慢しないで全部吐き出そう！

●ありがたいと思えることを、三十個書いてみよう（もっとあるはずだけど）。一個書くごとに、「感謝します」と付け加えよう。例えば、「私は元気です（感謝します）　私には住む家があります（感謝します）」というように。

●許せなかった人を「あの人を許します」と言ってみよう。いろいろ考えずに、とにかく口に出して言ってみよう。

●「許せなかった自分を許します」と言ってみよう。「自分の全てを許します」と言ってみよう。かたまりが溶けていくから。必ず溶けていくから。自分だって誰かから、どこかで許されている。

●「眠る前に唱えるといいよ」の言葉

どの言葉でもいいから三つ選んで、ゆっくり三回ずつ唱える。そしてニコニコッと笑って眠るのです。

私は、宇宙に守られています。

私は、先祖に守られています。

私は、人を幸せにする力を持っています。

私は、宇宙の中の偉大なる存在です。
私は私、オンリーワン！
私は、健康で完璧で心身ともに健やかです。
私の血液は、するするとよどみなく流れています。
私は、生命力に満ちあふれています。
困ったことはキャンセルキャンセルキャンセル！
私は、何と美しい！
自分の人生は自分でシナリオを書く！
恐い先輩、私を鍛えてくれてありがとう。
私は、幸せを受け取ります。
人の世に情けあれ！　光あれ！
今日も生き生き元気な私。
今日も幸せ、明日もいい日！
私の笑顔を待っている人がいます。
今日あった全てのことに感謝します。
ありがとうございます！　ニコニコ……

六根清浄《ろっこんしょうじょう》の大祓《おおはらい》

天照坐皇大御神《あまてらしますすめおおみかみ》の宣《のたま》わく　人《ひと》は則《すなわ》ち天下《あめがした》の神物《みたまもの》なり
すべからく静《しず》め謐《しず》まることを掌《つかさど》るべし
心《こころ》は則《すなわ》ち　神明《かみとかみ》の本主《もとのあるじ》たり
我《わ》が心神《たましい》を傷《いた》ましむることなかれ　是《こ》の故《ゆえ》に
目《め》に諸々《もろもろ》の不浄《ふじょう》を見《み》て　心《こころ》に諸々《もろもろ》の不浄《ふじょう》を見《み》ざれ
耳《みみ》に諸々《もろもろ》の不浄《ふじょう》を聞《き》きて　心《こころ》に諸々《もろもろ》の不浄《ふじょう》を聞《き》かざれ
鼻《はな》に諸々《もろもろ》の不浄《ふじょう》を嗅《か》ぎて　心《こころ》に諸々《もろもろ》の不浄《ふじょう》を嗅《か》がざれ
口《くち》に諸々《もろもろ》の不浄《ふじょう》を言《い》いて　心《こころ》に諸々《もろもろ》の不浄《ふじょう》を言《い》わざれ
身《み》に諸々《もろもろ》の不浄《ふじょう》を触《ふ》れて　心《こころ》に諸々《もろもろ》の不浄《ふじょう》を触《ふ》れざれ
意《こころ》に諸々《もろもろ》の不浄《ふじょう》を思《おも》いて　心《こころ》に諸々《もろもろ》の不浄《ふじょう》を思想《おもわ》ざれ

是《こ》の時《とき》に清《きよ》く 潔《いさぎ》よきことあり
諸々《もろもろ》の法《のり》は 影《かげ》と像《かたち》の如《ごと》し
清《きよ》く浄《いさぎ》よきものは 仮《かり》にも穢《けが》るること無《な》し
説《こと》を取《と》らば得《う》べからず 皆花《みなはな》よりぞ木《こ》の実《み》とはなる
我《わ》が身《み》は則《すなわ》ち 六根清浄《ろっこんしょうじょう》なり
六根清浄《ろっこんしょうじょう》なるが故《ゆえ》に 五臓《ごぞう》の神君安寧《しんくんあんねい》なり
五臓《ごぞう》の神君安寧《しんくんあんねい》なるが故《ゆえ》に 天地《てんち》の神《かみ》と同根《どうこん》なり
天地《てんち》の神《かみ》と同根《どうこん》なるが故《ゆえ》に 万物《ばんぶつ》の霊《れい》と同体《どうたい》なり
万物《ばんぶつ》の霊《れい》と同体《どうたい》なるが故《ゆえ》に
為《な》す所《ところ》の願《ねが》いとして 成就《じょうじゅ》せずということなし
無上霊宝《むじょうれいほう》 神道加持《しんとうかじ》

あとがき

この本に書いてきたことは、全てが「宇宙の法則」です。その法則をわかりやすく言えば、「原因と結果の法則」、「引き寄せの法則」ということになります。

結果を引き寄せる原因とは、自分の心と言葉。つまり、今の自分の運命を引き寄せたのは、誰でもない自分の心（思い・想い）と、いつも使っている言葉（言霊）だったのです。

だから、今、思って（想って）いること、今、使っている言葉こそが、明日からの運命を引き寄せる原因となるのです。

この秘密に気づいているのは、まだほんの一握りの人に過ぎないと言われています。宇宙は、あなたがそのことに気づくことを願い、見守っています。どこに住んでいようと、どんな環境にあろうと、いくつになっていようと、気づいてくれるのを、ただじっと待ってくれています。

昨日まで、いいえ、今の今まで、「宇宙の法則」など、そんな秘密があることなど全く知らないで、意識したこともなく生きてきたとしても、今、気づけばいいのです。過去がどうであろうと、未来を創るのは今日からなのです。

この世に生まれてきた意味とは、「宇宙の法則」の秘密に気づいて、人生の成功や健康や幸せや笑顔を、当たり前のように獲得すること。

その幸せを愛を持って分け与えること。それが宇宙の神さまの喜びなのだと思うのです。

宇宙の神さまは、自分の心の中、自分の言葉の中にちゃんと住みついておられて、いつでも発動できる準備をしてくださっているのですから。

そのことを、もっとたくさんの人に伝えたい。

それが私の役目ではないかと思い続けてきました。


この本を書くチャンスを与えてくださった花乱社の宇野道子さん、ありがとうございます。

そして、私を正しく導いてくださっている多くの方々や、本や出会いに、心からの感謝を捧げます。

愛と幸せと光の輪が広がっていきますように!

二〇一四年　若葉の頃

宮川詩麻

宮川詩麻（みやがわ・しま）
大分県国東市生まれ。福岡県京都郡在住。披露宴の司会者として2000組以上を担当。30代の頃から「運命学」や「宇宙の法則」を学び，人生相談にも多数応じる。2009年から２年半，FM キタＱ「笑顔がいちばん」のパーソナリティーを務める。現在では，ラジオのシナリオや作詞を手がけるかたわら，生き方や子育てについての講演を各地で行うなど広く活躍している。ワイズメンズクラブ国際協会九州部会員，人間禅名誉会員，金富神楽所属。
【主な作品・著書】「夏の音」（KBC・女のドラマストーリー優秀賞受賞），「神事に愛が散る」（FBS・２時間ドラマストーリー最優秀賞受賞）。著書に，『花の宴・人の縁——披露宴司会者が見た心に残るシーン』（海鳥社，2005年），『いのちの光——小説・田原淳』（文藝書房，2010年）。作詞に，「夢神楽」，「柳川ひとり」，「命のままに」，「海峡のふるさと」，「賛！下関」他多数。

企画協力　よつば

幸《しあわ》せになっていいんだよ
感謝《かんしゃ》とゆるしの扉《とびら》を開《あ》けて

❖

2014年9月10日　第1刷発行

❖

著　者　宮川詩麻
発行者　別府大悟
発行所　合同会社花乱社
〒810-0073　福岡市中央区舞鶴1-6-13-405
電話 092(781)7550　FAX 092(781)7555
印刷・製本　シナノ書籍印刷株式会社
［定価はカバーに表示］
ISBN978-4-905327-38-7